THE ULTI...

DANISH

PHRASE BOOK

1001 DANISH PHRASES FOR BEGINNERS AND BEYOND!

BY ADRIAN GEE

ISBN: 979-8-870499-29-1

Author's Note

Welcome to "The Ultimate Danish Phrase Book"! I am thrilled to guide you through the captivating world of Danish, a language known for its melodic rhythm and the captivating depth of its cultural roots. Whether you are drawn to the fairy-tale charm of Copenhagen, the invigorating sea breeze of the Danish coastlines, or enchanted by the country's rich history and vibrant art scene, this book is meticulously crafted to make your linguistic journey as immersive and fulfilling as possible.

As a passionate linguist and an advocate for cultural immersion, I recognize the intricate process of mastering a new language. This book emerges from that recognition, designed to be your steadfast companion as you navigate the waters towards Danish proficiency.

Connect with Me: The journey of language learning extends beyond memorizing words and grammar—it is an exhilarating expedition into connecting with people and embracing the soul of a different culture. I invite you to join me and other language enthusiasts on Instagram: @adriangruszka, a hub for sharing knowledge and experiences.

Sharing is Caring: If this book becomes a pivotal part of your language learning adventure, I would be deeply honored by your recommendation to others who share a passion for the linguistic diversity of our world. Feel free to share your journey and language milestones on Instagram, and tag me! I am excited to celebrate your achievements with you!

Embarking on the path to learning Danish is like stepping into a realm filled with historic enchantment, artistic flair, and a warm community spirit. Embrace the challenges, celebrate your progress, and enjoy every moment of your Danish adventure.

Held og lykke! (Good luck!)

-Adrian Gee

CONTENTS

INTRODUCTION

Velkommen! (Welcome!)

Whether you are enchanted by the prospect of a cozy evening in a traditional Danish hygge setting, planning to explore the historical streets of Copenhagen, desiring to connect with Danish speakers, or simply drawn to the Danish language out of sheer fascination, this phrase book is your ideal companion.

Embarking on the Danish language journey ushers you into a world marked by its warm conviviality, profound historical depth, and a dedication to a lifestyle that balances simplicity and enjoyment, characteristic of the Danish ethos.

Hvorfor Dansk? (Why Danish?)

With over 5 million native speakers, Danish is not only the language of Hans Christian Andersen's fairy tales and the iconic design of Denmark, but it is also a key player in the Nordic cultural and economic scene. As the official language of Denmark and a significant language in the Nordic region, it is an invaluable asset for travelers, business professionals, and anyone mesmerized by its distinctive charm.

Udtale (Pronunciation)

Before diving into the plethora of phrases and expressions, it is crucial to acquaint yourself with the rhythmic nature of Danish. Each language has its unique tempo, and Danish flows with a rhythm that is both gentle and vibrant, mirroring the country's landscapes and seascapes. Initially, Danish pronunciation might appear challenging, but with practice, its soft consonants and melodic intonation can become an enjoyable aspect of your language skill set.

Danish pronunciation is characterized by its softness and subtle staccato in consonants. The distinct enunciation of words, the gentle roll of the 'r's, and the harmonious flow distinguish it from other languages. Mastering pronunciation not only aids in clear communication but also deepens your connection with the Danish people and their culture.

Dansk Alfabet (The Danish Alphabet)

The Danish alphabet is derived from the Latin script and consists of 29 letters. It includes the standard 26 letters found in the English alphabet, along with three additional letters unique to Danish and some other Nordic languages. Some letters have pronunciations that might be unfamiliar to English speakers.

Vokaler (Vowels)

A (a): Similar to the "a" in "father."
E (e): Can be like the "e" in "bed" or the "ai" in "fair."
I (i): Like the "ee" in "see."
O (o): Resembles the "o" in "or" or the "oo" in "door."
U (u): Sounds like the "oo" in "wood."
Y (y): Close to the "ü" in German "füssen" or the French "u" in "lune."
Æ (æ): Similar to the "a" in "cat."
Ø (ø): Like the "eu" in French "peur" or the "i" in "bird."
Å (å): Like the "o" in "moral."

Konsonanter (Consonants)

B (b): As in English "bat."
C (c): Rarely used; when used, often like "s" in "cent" or "k" in "cat."
D (d): Similar to a soft "th" in "this."
F (f): As in English "far."

G (g): Usually like the "g" in "go," but softer before "i" or "e."

H (h): Like the English "h" in "hat."

J (j): Similar to the "y" in "yes."

K (k): Like the "k" in "kite."

L (l): As in English "love."

M (m): Like the English "m" in "mother."

N (n): Like the "n" in "nice."

P (p): As in English "pen."

Q (q): Rarely used, typically in loanwords; pronounced as in English.

R (r): A guttural or rolling "r," pronounced at the back of the throat.

S (s): Like the "s" in "see."

T (t): Like the "t" in "top."

V (v): Like the "v" in "victory."

W (w): Rare in Danish; when used, similar to "v."

X (x): Usually like "ks" as in "box."

Z (z): Rarely used; when used, like the "ts" in "cats."

Note that letters like 'c', 'q', 'w', 'x', and 'z' are less common in native Danish words and are more often found in names, loanwords, and foreign terms. When they do appear, their pronunciation is usually influenced by the rules of the original language from which the word is borrowed.

Danish Intonation and Stress

Danish intonation and stress patterns are unique and play a crucial role in effective communication. Unlike English, where stress often falls on the first syllable with increased volume, Danish intonation is more subtle and nuanced. It often relies on stød (a kind of glottal stop or vocalized catch in the throat) and pitch modulation.

Common Pronunciation Challenges

Udfordrende Vokallyde (Challenging Vowel Sounds)

Danish is known for its array of vowel sounds, many of which are unfamiliar to English speakers. Mastering these sounds, especially their subtle differences and their usage in various word contexts, is crucial.

Tips for Practicing Pronunciation

1. **Lyt Opmærksomt (Listen Carefully):** Engage with Danish media, such as music, podcasts, movies, or TV shows, to become accustomed to the rhythm and tone of the language.

2. **Gentag Efter en Indfødt (Repeat After a Native Speaker):** Practicing with native Danish speakers, through language exchange programs or online platforms, is invaluable for honing your pronunciation.

3. **Brug et Spejl (Use a Mirror):** Watching your mouth movements in a mirror can help you check if your lips, teeth, and tongue are positioned correctly to produce authentic Danish sounds.

4. **Øv Dig Regelmæssigt (Practice Regularly):** Consistent practice, even if it's only a few minutes each day, is key to improving your Danish pronunciation.

5. **Vær ikke bange for at begå fejl (Don't Be Afraid to Make Mistakes):** Mistakes are a natural part of the learning process. Embrace them as they contribute significantly to your understanding and progress.

Clear pronunciation is fundamental in navigating the rich and complex soundscape of Danish. By mastering the unique vowels, the subtle stød, and the rhythm of the language, you will be able to communicate effectively and connect more deeply with Danish culture. From the softness of 'ø' and 'å' to the challenging 'r' sound, each nuance carries a piece of Denmark's rich history and vibrant culture.

What You'll Find Inside

- **Vigtige Udtryk (Essential Phrases):** A collection of essential sentences and expressions for various situations you might encounter in Danish-speaking environments.

- **Interaktive Øvelser (Interactive Exercises):** Engaging exercises designed to test and improve your language skills, encouraging active use of Danish.

- **Kulturelle Indsigter (Cultural Insights):** Dive into the rich cultural landscape of Danish-speaking regions, exploring their social customs, history, and significant landmarks.

- **Yderligere Ressourcer (Additional Resources):** A curated list of supplementary materials and advice for enhancing your Danish language proficiency, including websites, literature suggestions, and travel tips.

How to Use This Phrase Book

This book is thoughtfully designed to cater not only to beginners embarking on their Danish language journey but also to intermediate learners looking to elevate their proficiency. Begin your linguistic adventure with essential phrases suitable for a variety of situations, from casual greetings to navigating the nuances of Danish social customs.

Within these pages, you'll gain cultural insights that deepen your connection to Denmark's rich history and vibrant contemporary life. Interactive exercises are strategically integrated to reinforce your learning, helping you to effortlessly incorporate new words and grammatical structures into your own conversations.

Learning a language is more than just memorizing words and phrases—it's an engaging, continuous journey towards understanding and connection. Immerse yourself in Danish dialogues, explore Denmark's illustrious literary works, and embrace the traditions and customs that form the tapestry of this unique culture.

Every individual's journey towards language mastery is unique, characterized by personal rhythms and milestones. Nurture your skills with patience, enthusiasm, and an exploratory mindset. With consistent effort, your proficiency and confidence in communicating in Danish will not only improve; they will flourish.

Klar til at starte? (Ready to start?)

Embark on a captivating expedition into the heart of the Danish language and culture. Uncover the intricacies of the language and immerse yourself in the rich cultural tapestry that Denmark has to offer. This adventure is not only fulfilling but also transformative, expanding your horizons and enriching your global understanding.

GREETINGS & INTRODUCTIONS

- BASIC GREETINGS -
- INTRODUCING YOURSELF AND OTHERS -
- EXPRESSING POLITENESS AND FORMALITY -

Basic Greetings

1. Hi!
   Hej!
   (Hay!)

2. Hello!
   Hej!
   (Hay!)

> **Idiomatic Expression:** "At stikke næsen frem." -
> Meaning: "To take a risk or get involved in something."
> (Literal Translation: "To stick the nose out.")

3. Good morning!
   Godmorgen!
   (Goh-mor-gen!)

> **Cultural Insight:** Danish culture is often associated with
> "hygge," a concept of coziness and contentment. It's about
> creating a warm and inviting atmosphere, whether at
> home or in social settings.

4. Good afternoon!
   God eftermiddag!
   (Goh ef-teh-mi-dah!)

5. Good evening!
   Godaften!
   (Goh-af-ten!)

5. How are you?
   Hvordan har De det? (formal) / Hvordan har du det? (informal)
   (Vor-dan har Duh deht?) / (Vor-dan har doo deht?)

> **Cultural Insight:** Denmark is known as a biking nation, with a vast network of bike lanes and a strong cycling culture. Biking is a popular means of transportation and recreation.

7. Everything good?
   Er alt godt?
   (Air ahl goht?)

8. How is it going?
   Hvordan går det?
   (Vor-dan gore deht?)

9. How is everything?
   Hvordan står det til?
   (Vor-dan store deht til?)

10. I'm good, thank you.
    Jeg har det godt, tak.
    (Yai har deht goht, tak.)

11. And you?
    Og De? (formal) / Og du? (informal)
    (Oh de?) / (Oh doo?)

12. Let me introduce...
    Lad mig introducere...
    (Lah may in-tro-du-seh-reh...)

13. This is...
    Det her er...
    (Deh heh air...)

14. Nice to meet you!
Rart at møde dig!
(Rart at mer-de die!)

15. Delighted!
Meget glad!
(Mye-get glahd!)

16. How have you been?
Hvordan har du haft det?
(Vor-dan har doo haf-t deht?)

Politeness and Formality

17. Excuse me.
Undskyld.
(Oon-skill.)

18. Please.
Vær så venlig. / Vær så god. (depending on context)
(Vair so ven-lee.) / (Vair so goh.)

19. Thank you.
Tak.
(Tahk.)

> **Fun Fact:** Denmark is the southernmost of the Nordic countries.

20. Thank you very much!
Mange tak!
(Man-geh tahk!)

21. I'm sorry.
Undskyld.
(Oon-skill.)

22. I apologize.
Jeg beklager.
(Yai be-klai-er.)

23. Sir
Hr
(Hur)

24. Madam
Fru
(Froo)

25. Miss
Frøken
(Frok-en)

26. Your name, please?
Hvad hedder De? (formal) / Hvad hedder du? (informal)
(Vad heh-der Deh?) / (Vad heh-der doo?)

27. Can I help you with anything?
Kan jeg hjælpe dig med noget?
(Kan yai yelp-eh die med no-eth?)

28. I am thankful for your help.
Jeg er taknemmelig for din hjælp.
(Yai air tak-nehm-meh-lee for deen yelp.)

29. The pleasure is mine.
Glæden er på min side.
(Gleh-den air paw meen see-deh.)

30. Thank you for your hospitality.
    Tak for din gæstfrihed.
    (Tahk for deen guest-free-het.)

31. It's nice to see you again.
    Det er dejligt at se dig igen.
    (Det air die-lee at se die ee-en.)

Greetings for Different Times of Day

32. Good morning, my friend!
    Godmorgen, min ven!
    (Go-mor-gen, meen ven!)

33. Good afternoon, colleague!
    God eftermiddag, kollega!
    (God ef-ter-mi-dah, kol-le-gah!)

34. Good evening neighbor!
    Godaften, nabo!
    (Go-aften, nah-bo!)

35. Have a good night!
    Godnat!
    (Go-nat!)

36. Sleep well!
    Sov godt!
    (So-v got!)

Special Occasions

37. Happy birthday!
    Tillykke med fødselsdagen!
    (Til-lyk-keh meh fur-sels-dah-gen!)

> **Language Learning Tip:** Set Realistic Goals - Define clear, achievable language learning goals to stay motivated.

38. Merry Christmas!
    Glædelig jul!
    (Gleh-deh-lee yool!)

39. Happy Easter!
    Glædelig påske!
    (Gleh-deh-lee pohs-keh!)

> **Travel Story:** While strolling through Copenhagen's Tivoli Gardens, a local explained the phrase "Livet er en cirkus," which means "Life is a circus." It's a reminder to embrace life's ups and downs.

40. Happy holidays!
    Glædelig ferie!
    (Gleh-deh-lee feh-ree-eh!)

41. Happy New Year!
    Godt nytår!
    (Got new-tohr!)

> **Idiomatic Expression:** "At sparke til en åben dør." - Meaning: "To state the obvious or do something unnecessary." (Literal Translation: "To kick at an open door.")

Meeting Someone for the First Time

42. Pleasure to meet you.
    Rart at møde dig.
    (Rart at mer-de die.)

> **Language Learning Tip:** Immerse Yourself - Surround yourself with Danish as much as possible, whether through music, movies, or conversation.

43. I am [Your Name].
    Jeg hedder [Dit Navn].
    (Yai heh-der [Dit Navn].)

44. Where are you from?
    Hvor kommer du fra?
    (Vor kom-mer doo frah?)

> **Language Learning Tip:** Consistency is Key - Practice a little every day rather than cramming sporadically.

45. I'm on vacation.
    Jeg er på ferie.
    (Yai air paw feh-ree-eh.)

46. What is your profession?
    Hvad arbejder du med?
    (Vad ar-by-der doo meh?)

47. How long will you stay here?
Hvor længe vil du blive her?
(Vor len-ge vil doo blee-veh hair?)

Responding to Greetings

48. Hello, how have you been?
Hej, hvordan har du haft det?
(Hay, vor-dan har doo haf-t deht?)

> **Cultural Insight:** The Royal Family - Denmark has a
> constitutional monarchy, and the Danish royal
> family holds a special place in the hearts of many Danes.
> The Queen's birthday, April 16th, is celebrated as
> "Dronningens fødselsdag."

49. I've been very busy lately.
Jeg har været meget travlt på det seneste.
(Yai har ve-ret mye-get trav-lt paw deh se-nes-teh.)

50. I've had ups and downs.
Jeg har haft mine op- og nedture.
(Yai har haf-t me-ne op oh ned-toor-eh.)

> **Idiomatic Expression:** "At koge suppe på en spiker." -
> Meaning: "To make something overly complicated."
> (Literal Translation: "To boil soup on a nail.")

51. Thanks for asking.
Tak fordi du spørger.
(Tahk for-dee doo sper-ger.)

52. I feel great.
Jeg har det fantastisk.
(Yai har deht fan-tas-tisk.)

53. Life has been good.
Livet har været godt.
(Lee-vet har ve-ret goht.)

54. I can't complain.
Jeg kan ikke klage.
(Yai kan ik-keh klah-geh.)

55. And you, how are you?
Og du, hvordan har du det?
(Oh doo, vor-dan har doo deht?)

> **Language Learning Tip:** Read Regularly - Start with simple texts and gradually work your way up to more complex material.

56. I've had some challenges.
Jeg har haft nogle udfordringer.
(Yai har haf-t noh-le oo-for-drin-ger.)

57. Life is a journey.
Livet er en rejse.
(Lee-vet air en rai-se.)

58. Thank God, I'm fine.
Gudskelov, jeg har det godt.
(Goods-keh-lov, yai har deht goht.)

Informal Greetings

59. What's up?
Hvad sker der?
(Vad sker der?)

60. All good?
Alt godt?
(Alt goht?)

61. Hi, everything okay?
Hej, er alt okay?
(Hay, air alt oh-kay?)

62. I'm good, and you?
Jeg har det godt, og du?
(Yai har deht goht, oh doo?)

63. How's life?
Hvordan går livet?
(Vor-dan gohr lee-vet?)

64. Cool!
Fedt!
(Fet!)

Saying Goodbye

65. Goodbye!
Farvel!
(Fah-vel!)

66. See you later!
    Vi ses senere!
    (Vee ses se-neh-reh!)

> **Language Learning Tip:** Listen Actively - Tune into Danish radio, podcasts, or audiobooks to improve listening skills.

67. Bye!
    Hej hej!
    (Hay hay!)

68. Have a good day.
    Hav en god dag.
    (Hav en goh dahg.)

> **Language Learning Tip:** Speak Aloud - Practice speaking Danish aloud, even if it's just repeating phrases from this book.

69. Have a good weekend.
    Hav en god weekend.
    (Hav en goh wee-kend.)

70. Take care.
    Pas på dig.
    (Pahs paw die.)

71. Bye, see you later.
    Hej hej, vi ses senere.
    (Hay hay, vee ses se-neh-reh.)

72. I need to go now.
    Jeg skal gå nu.
    (Yai skal goh noo.)

73. Take care my friend!
Pas godt på dig, min ven!
(Pahs goht paw die, meen ven!)

Parting Words

74. Hope to see you soon.
Håber at se dig snart.
(Hoh-ber at se die snart.)

75. Stay in touch.
Hold kontakten.
(Hole kon-tak-ten.)

76. I'll miss you.
Jeg kommer til at savne dig.
(Yai kom-mer til at sav-neh die.)

77. Be well.
Hav det godt! (neutral) / Pas på dig selv! (more colloquial)
(Hav deht goht! / Pahs paw die selv!)

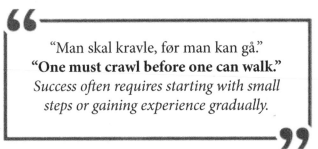

"Man skal kravle, før man kan gå."
"One must crawl before one can walk."
*Success often requires starting with small
steps or gaining experience gradually.*

Interactive Challenge: Greetings Quiz

1. Which Danish phrase is a common way to greet people in the morning?

   a) Hvad laver du?
   b) Godmorgen!
   c) Hvordan har du det?

2. What does the phrase "Rart at møde dig" mean in English?

   a) Excuse me!
   b) Pleased to meet you!
   c) How are you?

3. When is it appropriate to use the phrase "Godaften!"?

   a) In the morning
   b) In the afternoon
   c) In the evening

4. Which phrase is used to ask someone how they are doing in Danish?

   a) Tak
   b) Hvordan har du det?
   c) Hvor er du på vej hen?

5. In Denmark, when can you use the greeting "Hej!"?

   a) Only in the morning
   b) Only in the afternoon
   c) Anytime

6. **What is the Danish equivalent of "And you?"?**

   a) Og dig?
   b) Tak
   c) Hvad laver du?

7. **When expressing gratitude in Danish, what do you say?**

   a) Undskyld
   b) Rart at møde dig
   c) Tak

8. **How do you say "Excuse me" in Danish?**

   a) Undskyld mig
   b) God eftermiddag!
   c) Alt er godt?

9. **Which phrase is used to inquire about someone's well-being?**

   a) Hvor bor du?
   b) Hvordan har du det?
   c) Tak

10. **In a typical Danish conversation, when is it common to ask about someone's background and interests during a first-time meeting?**

    a) Never
    b) Only in formal situations
    c) Always

11. In Danish, what does "Rart at møde dig" mean?

a) Delighted to meet you
b) Excuse me
c) Thank you

12. When should you use the phrase "Hvordan har du det?"?

a) When ordering food
b) When asking for directions
c) When inquiring about someone's well-being

13. Which phrase is used to make requests politely?

a) Hvordan har du det?
b) Hvad vil du have?
c) Vær så venlig

14. What is the equivalent of "I'm sorry" in Danish?

a) Undskyld
b) Hvordan har du det?
c) Alt er godt?

Correct Answers:

1. b)
2. b)
3. c)
4. b)
5. c)
6. a)
7. c)
8. a)
9. b)
10. c)
11. a)
12. c)
13. c)
14. a)

EATING & DINING

- ORDERING FOOD AND DRINKS IN A RESTAURANT -
- DIETARY PREFERENCES AND RESTRICTIONS -
- COMPLIMENTS AND COMPLAINTS ABOUT FOOD -

Basic Ordering

78. I'd like a table for two, please.
Jeg vil gerne have et bord til to, tak.
(Yai vil gerneh ha eh bord til toh, tak.)

79. What's the special of the day?
Hvad er dagens ret?
(Vad air dah-ens ret?)

> **Cultural Insight:** Lego, the famous interlocking brick system, was invented by a Danish carpenter named Ole Kirk Christiansen. Denmark is proud of its Lego heritage, and the Lego Group is headquartered in Billund.

80. Can I see the menu, please?
Må jeg se menuen, tak?
(Maw yai se meh-noo-en, tak?)

81. I'll have the steak, medium rare.
Jeg tager bøffen, medium stegt.
(Yai tah-ger bur-fen, meh-dium steght.)

82. Can I get a glass of water?
Kan jeg få et glas vand?
(Kan yai faw eh glahs vand?)

> **Travel Story:** On a visit to the historic Nyhavn harbor, a sailor mentioned the Danish saying "At kaste perler for svin," which translates to "To cast pearls before swine." It signifies wasting something valuable on someone who doesn't appreciate it.

33. Can you bring us some bread to start?
Kan du bringe os noget brød for at starte?
(Kan doo brin-geh os no-get brurd for at start-eh?)

34. Do you have a vegetarian option?
Har I en vegetarisk mulighed?
(Har ee en veh-geh-tar-isk moo-li-hed?)

> **Language Learning Tip:** Watch Danish TV and Movies
> - Subtitles can help you understand context and
> pronunciation.

35. Is there a kids' menu available?
Har I en børnemenu?
(Har ee en burn-eh-meh-noo?)

36. We'd like to order appetizers to share.
Vi vil gerne bestille forretter til at dele.
(Vee vil gerneh be-stil-leh for-ret-ter til at deh-leh.)

37. Can we have separate checks, please?
Kan vi få separate regninger, tak?
(Kan vee faw seh-pa-ra-teh reng-ninger, tak?)

38. Could you recommend a vegetarian dish?
Kan du anbefale en vegetarisk ret?
(Kan doo an-beh-fah-leh en veh-geh-tar-isk ret?)

39. I'd like to try the local cuisine.
Jeg vil gerne prøve det lokale køkken.
(Yai vil gerneh prur-veh deht loh-kah-leh kur-ken.)

> **Fun Fact:** The country consists of over 400 islands, but
> only around 70 of them are inhabited.

90. May I have a refill on my drink, please?
Kan jeg få en genopfyldning af min drink, tak?
(Kan yai faw en gen-op-fyld-ning af meen dringk, tak?)

Language Learning Tip: Flashcards - Create flashcards for vocabulary and review them regularly.

91. What's the chef's special today?
Hvad er kokkens speciale i dag?
(Vad air kok-kens speh-see-ah-le ee dai?)

92. Can you make it extra spicy?
Kan du gøre den ekstra stærk?
(Kan doo gur-re den ek-stra sterk?)

93. I'll have the chef's tasting menu.
Jeg tager kokkens smagsprøvningsmenu.
(Yai tah-ger kok-kens smags-prurv-nings-meh-noo.)

Special Requests

94. I'm allergic to nuts. Is this dish nut-free?
Jeg er allergisk over for nødder. Er denne ret nødfri?
(Yai air al-ler-gisk oh-ver for nur-der. Air den-neh ret nur-free?)

95. I'm on a gluten-free diet. What can I have?
Jeg er på en glutenfri diæt. Hvad kan jeg bestille?
(Yai air paw en gloo-ten-free dee-et. Vad kan yai be-stil-leh?)

96. Can you make it less spicy, please?
Kan du gøre den mindre stærk, tak?
(Kan doo gur-re den min-dre sterk, tak?)

> **Idiomatic Expression:** "At gå planken ud." -
> Meaning: "To take a risk or face a difficult situation."
> (Literal translation: "To walk the plank.")

97. Can you recommend a local specialty?
Kan du anbefale en lokal specialitet?
(Kan doo an-be-fah-leh en loh-kal speh-see-al-it-et?)

98. Could I have my salad without onions?
Kan jeg få min salat uden løg?
(Kan yai faw meen sah-lat oo-den lur?)

99. Are there any daily specials?
Er der nogle dagens retter?
(Air der noh-le dah-gens reh-ter?)

> **Fun Fact:** Denmark is known for its beautiful coastline, stretching over 7,300 kilometers.

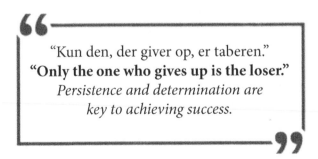

"Kun den, der giver op, er taberen."
"Only the one who gives up is the loser."
*Persistence and determination are
key to achieving success.*

100. Can I get a side of extra sauce?
Kan jeg få lidt ekstra sauce?
(Kan yai faw lidt ek-stra so-ss?)

101. I'd like a glass of red/white wine, please.
Jeg vil gerne have et glas rød/hvid vin, tak.
(Yai vil ger-neh ha eh glahs rue/hveed veen, tak.)

102. Could you bring the bill, please?
Kan jeg få regningen, tak?
(Kan yai faw ree-ning-en, tak?)

Allergies and Intolerances

103. I have a dairy allergy. Is the sauce dairy-free?
Jeg er allergisk over for mejeriprodukter. Er saucen mejerifri?
(Yai air al-ler-gisk oh-ver for my-ye-ree-pro-duk-ter. Air sow-sen my-ye-ree-free?)

> **Fun Fact:** The Danish monarchy is one of the oldest in the world, founded in 935 AD.

104. Does this contain any seafood? I have an allergy.
Indeholder dette skaldyr? Jeg er allergisk.
(In-deh-hol-der deh-teh skal-deer? Yai air al-ler-gisk.)

105. I can't eat anything with soy. Is that an issue?
Jeg kan ikke spise noget med soja. Er det et problem?
(Yai kan ik-keh spee-se no-get mehd so-ya. Air deht et pro-blem?)

106. I'm lactose intolerant, so no dairy, please.
Jeg er laktoseintolerant, så ingen mejeriprodukter, tak.
(Yai air lak-to-se-in-to-leh-rant, so in-gen my-ye-ree-pro-duk-ter, tak.)

107. Is there an option for those with nut allergies?
Er der et alternativ for personer med nøddeallergi?
(Air der et al-ter-na-teev for per-so-ner mehd nur-de-al-ler-gee?)

108. I'm following a vegan diet. Is that possible?
Jeg følger en vegansk kost. Er det muligt?
(Yai ful-ger en ve-gansk kost. Air deht moo-leegt?)

Cultural Insight: Smørrebrød are open-faced sandwiches, a traditional Danish dish. They consist of rye bread with various toppings, often enjoyed for lunch.

109. Is this dish suitable for someone with allergies?
Er denne ret egnet til nogen med allergier?
(Air den-neh ret ehg-net til noh-gen mehd al-ler-gee-er?)

110. I'm trying to avoid dairy. Any dairy-free options?
Jeg forsøger at undgå mejeriprodukter. Er der nogle mejerifri muligheder?
(Yai for-sø-ger at oon-go my-ye-ree-pro-duk-ter. Air der noh-le my-ye-ree-free moo-lee-hed-er?)

111. I have a shellfish allergy. Is it safe to order seafood?
Jeg er allergisk over for skaldyr. Er det sikkert at bestille skaldyr?
(Yai air al-ler-gisk oh-ver for skal-deer. Air deht sik-kert at be-stil-le skal-deer?)

112. Can you make this gluten-free?
Kan I gøre dette glutenfrit?
(Kan ee gur-re deh-teh gloo-ten-frit?)

> **Language Learning Tip:** Label objects around your
> home with their Danish names to reinforce vocabulary.

Specific Dietary Requests

113. I prefer my food without cilantro.
Jeg foretrækker min mad uden koriander.
(Yai for-eh-træk-er meen mahd oo-den kori-an-der.)

114. Could I have the dressing on the side?
Kan jeg få dressingen ved siden af?
(Kan yai faw dress-ing-en ved see-den af?)

115. Can you make it vegan-friendly?
Kan I gøre den vegansk?
(Kan ee gur-re den veh-gansk?)

116. I'd like extra vegetables with my main course.
Jeg vil gerne have ekstra grøntsager til min hovedret.
(Yai vil ger-neh ha ek-stra grurnt-sah-ger til meen hoh-ved-ret.)

117. Is this suitable for someone on a keto diet?
Er dette egnet for nogen på en keto diæt?
(Air deh-teh ehg-net for no-gen paw en ke-toh dee-et?)

18. I prefer my food with less oil, please.
Jeg foretrækker min mad med mindre olie, tak.
(Yai for-eh-træk-er meen mahd mehd min-dre o-lee-eh, tak.)

19. Is this dish suitable for vegetarians?
Er denne ret egnet for vegetarer?
(Air den-neh ret ehg-net for ve-geh-tar-er?)

20. I'm on a low-carb diet. What would you recommend?
Jeg er på en kulhydratfattig diæt. Hvad ville I anbefale?
(Yai air paw en kool-hee-drat-fat-teeg dee-et. Vad vil-leh ee an-beh-fah-leh?)

> **Fun Fact:** The Danish flag, known as the Dannebrog, is one of the oldest national flags in the world, dating back to the 13th century.

21. Is the bread here gluten-free?
Er brødet her glutenfrit?
(Air brur-det hair gloo-ten-frit?)

22. I'm watching my sugar intake. Any sugar-free desserts?
Jeg holder øje med mit sukkerindtag. Er der sukkerfrie desserter?
(Yai hol-der ur med mit sook-er-in-tahg. Air der sook-er-free-eh deh-ser-ter?)

> **Travel Story:** Exploring the Hans Christian Andersen Museum in Odense, a guide shared the tale of "Den grimme ælling," the Ugly Duckling, and how it's a metaphor for personal transformation.

Compliments

123. This meal is delicious!
 Dette måltid er lækkert!
 (Deh-teh mawl-teed air leh-kert!)

> **Fun Fact:** Denmark is home to the famous author Hans Christian Andersen, known for fairy tales like "The Little Mermaid" and "The Ugly Duckling."

124. The flavors in this dish are amazing.
 Smagene i denne ret er fantastiske.
 (Smah-geh-neh ee den-neh ret air fan-tas-tis-keh.)

125. I love the presentation of the food.
 Jeg elsker præsentationen af maden.
 (Yai el-skah preh-sen-ta-shee-oh-nen af mah-den.)

126. This dessert is outstanding!
 Denne dessert er fremragende!
 (Den-neh deh-sert air frem-rah-gen-deh!)

127. The service here is exceptional.
 Servicen her er exceptionel.
 (Ser-vee-sen hair air ek-sep-shee-oh-nel.)

> **Language Learning Tip:** Listen to native speakers to get a feel for natural pronunciation and intonation.

128. The chef deserves praise for this dish.
 Kokken fortjener ros for denne ret.
 (Kok-ken for-tye-ner ros for den-neh ret.)

129. I'm impressed by the quality of the ingredients.
      Jeg er imponeret over ingrediensernes kvalitet.
      (Yai air im-po-neh-ret oh-vehr in-gre-di-en-ser-nes kval-i-tet.)

130. The atmosphere in this restaurant is wonderful.
      Atmosfæren i denne restaurant er vidunderlig.
      (At-mo-sfay-ren ee den-neh res-tow-rant air ve-doohn-der-lee.)

131. Everything we ordered was perfect.
      Alt hvad vi bestilte var perfekt.
      (Alt vad vee be-stil-teh var per-fekt.)

Compaints

132. The food is cold. Can you reheat it?
      Maden er kold. Kan I varme den op igen?
      (Mah-den air kold. Kan ee var-meh den op ee-gen?)

      Fun Fact: Denmark is often cited as one of the happiest
      countries in the world.

133. This dish is too spicy for me.
      Denne ret er for stærk for mig.
      (Den-neh ret air for stairk for mai.)

134. The portion size is quite small.
      Portionsstørrelsen er ret lille.
      (Por-shons-stur-rel-sen air ret lil-leh.)

135. There's a hair in my food.
Der er et hår i min mad.
(Dair air et hore ee meen mad.)

136. I'm not satisfied with the service.
Jeg er ikke tilfreds med servicen.
(Yai air ik-keh til-freds mehd ser-vee-sen.)

137. The soup is lukewarm.
Suppen er lunken.
(Soup-en air loon-ken.)

138. The sauce on this dish is too salty.
Saucen til denne ret er for salt.
(Sow-sen til den-neh ret air for salt.)

> **Idiomatic Expression:** "At slå to fluer med ét smæk."
> Meaning: "To accomplish two tasks with a single action."
> (Literal translation: "To hit two flies with one swat.")

139. The dessert was a bit disappointing.
Desserten var lidt af en skuffelse.
(Des-ser-ten var lidt af en skuf-fel-seh.)

140. I ordered this dish, but you brought me something else.
Jeg bestilte denne ret, men I gav mig noget andet.
(Yai be-stil-teh den-neh ret, men ee gav maig no-get an-det.)

141. The food took a long time to arrive.
Det tog lang tid for maden at komme.
(Det tog lang teed for mah-den at kom-meh.)

Specific Dish Feedback

142. The steak is overcooked.
Bøffen er overstegt.
(Bur-fen air o-ver-steght.)

> **Fun Fact:** The country has a strong tradition of biking, with more bicycles than people in many cities.

143. This pasta is undercooked.
Denne pasta er ikke kogt nok.
(Den-neh pas-tah air ik-keh kogt nok.)

144. The fish tastes off. Is it fresh?
Fisken smager mærkeligt. Er den frisk?
(Fis-ken smah-ger mer-kel-eet. Air den frisk?)

145. The salad dressing is too sweet.
Dressingen til salaten er for sød.
(Dres-sing-en til sah-la-ten air for surd.)

146. The rice is underseasoned.
Risen er for lidt krydret.
(Ree-sen air for lidt kryd-ret.)

> **Language Learning Tip:** Study Danish Culture - Understanding Danish culture will help you relate to native speakers.

147. The dessert lacks flavor.
Desserten mangler smag.
(Des-ser-ten mang-ler smahg.)

148. The vegetables are overcooked.
Grøntsagerne er overkogte.
(Grurnt-sah-ger-neh air oh-ver-koh-teh.)

149. The pizza crust is burnt.
Pizzabunden er brændt.
(Pit-sah-boon-den air br-ehndt.)

> **Travel Story:** While enjoying a Danish smørrebrød in a local cafe, a fellow diner used the expression "At klappe en hund bag øret," which means "To pat a dog behind the ear." It's a way of saying something is easy or straightforward.

150. The burger is dry.
Burgeren er tør.
(Boor-ge-ren air ter.)

151. The fries are too greasy.
Pomfritterne er for fede.
(Pom-frit-ter-neh air for feh-deh.)

152. The soup is too watery.
Suppen er for vandig.
(Soup-en air for van-deeg.)

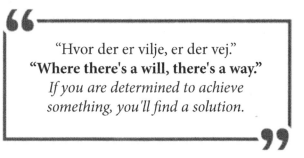

"Hvor der er vilje, er der vej."
"Where there's a will, there's a way."
If you are determined to achieve something, you'll find a solution.

Word Search Puzzle: Eating & Dining

RESTAURANT	R	J	S	T	S	J	B	T	O	X	I	K	J	A	R
RESTAURANT	P	E	N	T	V	X	V	D	J	L	X	Y	P	N	E
MENU	Q	K	S	Q	N	Y	T	S	F	H	V	E	J	O	S
MENU	I	H	A	T	W	E	R	E	N	A	G	E	V	N	T
APPETIZER	I	D	O	L	A	S	I	V	Z	D	U	B	A	G	A
FORRET	Q	O	K	M	L	U	S	D	Y	G	F	Z	L	F	U
VEGETARIAN	W	R	E	B	X	E	R	E	E	H	P	Q	L	R	R
VEGETAR	H	N	R	Q	M	C	R	A	R	R	X	L	E	E	A
ALLERGY	U	H	H	B	H	H	C	G	N	V	G	A	R	S	N
ALLERGI	R	V	E	G	E	T	A	R	Y	T	I	N	G	N	T
VEGAN	D	E	S	S	E	R	T	S	D	I	A	C	I	E	P
VEGANER	H	G	Z	K	O	K	V	P	Y	I	H	O	E	I	E
SPECIAL	J	R	Q	I	A	V	P	C	R	E	X	U	Y	D	R
SPECIAL	W	A	D	M	T	E	L	A	F	V	S	A	U	E	F
DESSERT	T	A	W	D	R	E	T	T	E	A	V	Q	M	R	E
DESSERT	M	R	R	F	K	E	P	G	U	Y	Y	N	R	G	C
SERVICE	E	A	E	R	G	Z	A	P	W	B	J	Y	J	N	T
SERVICE	L	K	T	E	A	N	D	T	A	O	W	Q	G	I	V
CHEF	T	A	V	M	T	D	R	F	G	Z	V	K	K	H	C
KOK	I	N	I	E	O	E	B	C	V	Y	R	K	V	A	Y
INGREDIENTS	S	W	G	C	S	S	L	X	T	X	W	I	Y	G	B
INGREDIENSER	M	W	A	S	E	M	F	O	E	U	N	C	B	V	L
ATMOSPHERE	K	B	E	P	R	P	H	Æ	R	U	N	E	M	L	E
ATMOSFÆRE	W	D	S	N	V	B	S	I	R	G	M	D	K	A	R
PERFECT	Q	V	D	V	I	H	M	V	O	E	F	E	Y	I	A
PERFEKT	N	A	Y	V	C	Z	P	P	F	V	X	D	V	C	N
	K	L	Y	M	E	C	W	M	V	U	R	C	G	E	Z
	X	A	I	Y	A	A	G	E	G	H	O	G	A	P	E
	M	U	T	W	Y	P	A	Z	C	Q	K	X	Q	S	R
	A	T	M	O	S	P	H	E	R	E	D	S	F	C	F

Correct Answers:

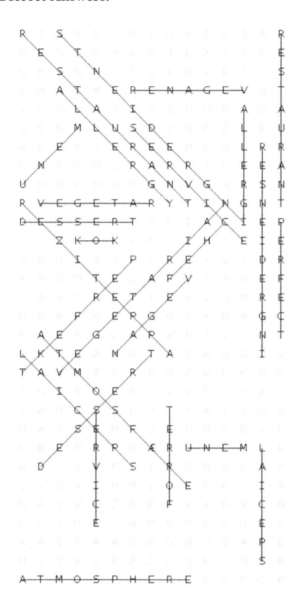

TRAVEL & TRANSPORTATION

- ASKING FOR DIRECTIONS -
- BUYING TICKETS FOR TRANSPORTATION -
- INQUIRING ABOUT TRAVEL-RELATED INFORMATION -

Directions

153. How do I get to the nearest bus stop?
   Hvordan kommer jeg til den nærmeste busstoppested?
   (Vor-dan kom-mer yai til den ner-mest-e bus-stop-peh-sted?)

> **Fun Fact:** Danish is a North Germanic language, closely related to Swedish and Norwegian.

154. Can you show me the way to the train station?
   Kan du vise mig vejen til togstationen?
   (Kan doo vee-seh may vay-en til toh-sta-shee-oh-nen?)

155. Is there a map of the city center?
   Er der et kort over centrum?
   (Air der et kort oh-ver sen-trum?)

156. Which street leads to the airport?
   Hvilken gade fører til lufthavnen?
   (Vil-ken gad-eh fur-er til looft-hav-nen?)

157. Where is the nearest taxi stand?
   Hvor er det nærmeste taxaholdeplads?
   (Vor air deh ner-mest-e tak-sah-hol-deh-plads?)

> **Travel Story:** At a cozy Danish cottage in the countryside, a host explained the tradition of "fredagsmys," or Friday cozy time, where Danes relax with candles and comfort food at the end of the week.

158. How can I find the hotel from here?
Hvordan finder jeg hotellet herfra?
(Vor-dan fin-der yai ho-tel-let hair-frah?)

> **Fun Fact:** Danish has three extra vowels compared to English: æ, ø, and å.

159. What's the quickest route to the museum?
Hvad er den hurtigste rute til museet?
(Vad air den hur-tig-steh roo-teh til moo-seh-et?)

160. Is there a pedestrian path to the beach?
Er der en gangsti til stranden?
(Air der en gang-stee til stran-den?)

161. Can you point me towards the city square?
Kan du pege mig i retning af bytorvet?
(Kan doo peh-geh may ee retn-ing af bee-tor-vet?)

> **Idiomatic Expression:** "At tage en hvid pil." - Meaning: "To give up or surrender."
> (Literal translation: "To take a white pill.")

162. How do I find the trailhead for the hiking trail?
Hvordan finder jeg startpunktet for vandrestien?
(Vor-dan fin-der yai start-punk-tet for van-dreh-stee-en?)

> **Fun Fact:** Danish has many loanwords from other languages, including English, French, and German.

Ticket Purchase

163. How much is a one-way ticket to downtown?
     Hvor meget koster en enkeltbillet til centrum?
     (Vor mye-get koh-ster en en-kelt-bi-let til sen-trum?)

164. Are there any discounts for students?
     Er der nogen rabatter for studerende?
     (Air der no-en ra-bat-ter for stu-den-en-de?)

     Language Learning Tip: Watch Danish YouTube
     Channels - Follow Danish YouTubers to hear
     conversational Danish and see daily life.

165. What's the price of a monthly bus pass?
     Hvad koster et månedskort til bussen?
     (Vad koh-ster et mo-neds-kort til boos-en?)

166. Can I buy a metro ticket for a week?
     Kan jeg købe et ugebillet til metroen?
     (Kan yai kø-beh et oo-ge-bi-let til me-tro-en?)

167. How do I get a refund for a canceled flight?
     Hvordan får jeg refusion for en aflyst flyvning?
     (Vor-dan for yai re-foo-sion for en af-lyst flyv-ning?)

     Fun Fact: Denmark is a relatively flat country, with its
     highest point being just 170.86 meters above sea level.

68. Is it cheaper to purchase tickets online or at the station?
    Er det billigere at købe billetter online eller på stationen?
    (Air deh bil-lee-gere at kø-beh bi-let-ter on-line el-ler paw sta-shee-on-en?)

69. Can I upgrade my bus ticket to first class?
    Kan jeg opgradere min busbillet til første klasse?
    (Kan yai op-gra-de-re min boos-bi-let til fur-ste klas-seh?)

70. Are there any promotions for weekend train travel?
    Er der nogle tilbud på togbilletter i weekenden?
    (Air der no-leh til-bood paw toh-bi-let-ter ee vee-ken-den?)

71. Is there a night bus to the city center?
    Er der en natbus til centrum?
    (Air der en nat-boos til sen-trum?)

> **Idiomatic Expression:** "At skære alle over én kam." -
> Meaning: "To generalize or treat everyone the same way."
> (Literal translation: "To cut everyone over one comb.")

72. What's the cost of a one-day tram pass?
    Hvad koster et dagskort til sporvognen?
    (Vad koh-ster et dags-kort til spor-vog-nen?)

> **Fun Fact:** Denmark is known for its picturesque
> landscapes, including rolling hills and lush farmland.

Travel Info

173. What's the weather forecast for tomorrow?
Hvad er vejrudsigten for i morgen?
(Vad air vayr-oot-sig-ten for ee mor-gen?)

> **Fun Fact:** The iconic Tivoli Gardens in Copenhagen is
> one of the world's oldest amusement parks, dating back
> to 1843.

174. Are there any guided tours of the historical sites?
Er der nogle guidede ture af de historiske steder?
(Air der no-leh gee-e-deh too-re af de his-to-ris-keh steh-der?)

175. Can you recommend a good local restaurant for dinner?
Kan du anbefale en god lokal restaurant til aftensmad?
*(Kan doo an-beh-fah-leh en goht loh-kal res-tau-rant til
af-tens-math?)*

176. How do I get to the famous landmarks in town?
Hvordan kommer jeg til de berømte seværdigheder i byen?
*(Vor-dan kom-mer yai til de beh-røm-teh seh-vair-dee-he-der ee
by-en?)*

177. Is there a visitor center at the airport?
Er der et besøgscenter i lufthavnen?
(Air der et be-søgs-sen-ter ee looft-hav-nen?)

178. What's the policy for bringing pets on the train?
Hvad er reglerne for at medbringe kæledyr i toget?
(Vad air reg-ler-ne for at med-bring-e kel-e-dyr ee toh-et?)

179. Are there any discounts for disabled travelers?
Er der nogle rabatter for rejsende med handicap?
(Air der no-leh ra-bat-ter for rai-sen-de med han-di-kap?)

> **Idiomatic Expression:** "At trække tiden." -
> Meaning: "To waste time or procrastinate."
> (Literal translation: "To pull the time.")

180. Can you provide information about local festivals?
Kan du give information om lokale festivaler?
*(Kan doo gee-veh in-for-ma-she-own ohm loh-kah-leh
fes-ti-val-er?)*

181. Is there Wi-Fi available on long bus journeys?
Er der Wi-Fi tilgængeligt på lange busrejser?
(Air der wee-fee til-geng-el-eet paw lang-eh boos-rai-ser?)

> **Fun Fact:** Denmark has a total of 13 Nobel laureates,
> including Niels Bohr in physics and Karen Blixen in
> literature.

182. Where can I rent a bicycle for exploring the city?
Hvor kan jeg leje en cykel til at udforske byen?
(Vor kan yai lai-eh en see-kel til at oot-for-skeh by-en?)

> **Travel Story:** While exploring the ancient Viking Ship
> Museum in Roskilde, a historian discussed the
> importance of "Havhingsten fra Glendalough," a
> reconstructed Viking warship that sailed to Ireland.

Getting Around by Public Transportation

183. Which bus should I take to reach the city center?
Hvilken bus skal jeg tage for at nå centrum?
(Vil-ken boos skal yai tah-geh for at naw sen-trum?)

184. Can I buy a day pass for unlimited rides?
Kan jeg købe et dagskort til ubegrænsede ture?
(Kan yai kø-beh et dahgs-kort til oo-be-græn-se-deh too-re?)

185. Is there a metro station within walking distance?
Er der en metrostation inden for gåafstand?
(Air der en me-tro-sta-she-ohn in-den for goh-af-stand?)

186. How do I transfer between different bus lines?
Hvordan skifter jeg linje mellem forskellige buslinjer?
(Vor-dan skeef-ter yai lin-yeh mel-lem for-skelig-eh boos-lin-yer?)

187. Are there any discounts for senior citizens?
Er der rabatter for pensionister?
(Air der ra-bat-ter for pen-seo-nis-ter?)

188. What's the last bus/train for the night?
Hvad er den sidste bus/tog for natten?
(Vad air den sid-ste boos/toh for nat-ten?)

189. Can you recommend a reliable taxi service?
Kan du anbefale en pålidelig taxitjeneste?
(Kan doo an-beh-fah-le en paw-lee-de-lig tak-see-tyen-es-teh?)

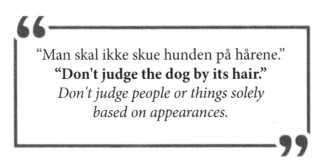

"Man skal ikke skue hunden på hårene."
"Don't judge the dog by its hair."
Don't judge people or things solely
based on appearances.

190. Do trams run on weekends as well?
Kører sporvognene også i weekenden?
(Kur-er spor-vog-nen-eh ohk-so ee vee-ken-den?)

> **Fun Fact:** Denmark has an extensive coastline with
> many sandy beaches.

191. Are there any express buses to [destination]?
Er der nogen ekspresbusser til [destination]?
(Air der no-gen ek-spress-booss-er til [des-ti-na-she-ohn]?)

192. What's the fare for a one-way ticket to the suburbs?
Hvad koster en enkeltbillet til forstæderne?
(Vad koh-ster en en-kelt-bi-let til for-stæ-der-neh?)

> **Travel Story:** In the picturesque town of Ribe, a local
> mentioned "Sorte svin," or black pigs, which are a unique
> breed raised in the region and known for their
> high-quality meat.

Navigating the Airport

193. Where can I locate the baggage claim area?
Hvor finder jeg bagageudleveringen?
(Vor fin-der yai bah-gah-ge-uud-lev-er-ing-en?)

194. Is there a currency exchange counter in the terminal?
Er der en valutaveksling i terminalen?
(Air der en va-loo-tah-veks-ling ee ter-mee-nal-en?)

> **Idiomatic Expression:** "At have en finger med i spillet." -
> Meaning: "To be involved in something or have
> influence." (Literal translation: "To have a finger in the
> game.")

195. Are there any pet relief areas for service animals?
Er der nogle afslapningsområder for service dyr?
(Air der noh-le af-slaps-om-row-der for ser-vee-say deer?)

196. How early can I go through security?
Hvor tidligt kan jeg komme igennem sikkerhedskontrollen?
*(Vor tee-lee kahn yai kom-me ee-gen-nem
sik-ker-heds-kon-trol-len?)*

197. What's the procedure for boarding the aircraft?
Hvad er proceduren for at gå ombord på flyet?
(Vad air pro-seh-doo-ren for at go ohm-bord poh flee-et?)

198. Can I use mobile boarding passes?
Kan jeg bruge mobile boardingkort?
(Kahn yai broo-geh mo-bee-le boarding-kort?)

99. Are there any restaurants past security?
   Er der nogle restauranter efter sikkerhedskontrollen?
   (Air der noh-le res-tau-ran-ter ef-ter sik-ker-heds-kon-trol-len?)

00. What's the airport's Wi-Fi password?
   Hvad er adgangskoden til lufthavnens Wi-Fi?
   (Vad air ad-gangs-ko-den til loft-hav-nens Wee-Fee?)

01. Can I bring duty-free items on board?
   Kan jeg tage toldfri varer med ombord?
   (Kahn yai tah-geh toll-free vah-rer med ohm-bord?)

02. Is there a pharmacy at the airport?
   Er der et apotek i lufthavnen?
   (Air der et ah-po-tek ee loft-hav-nen?)

Traveling by Car

03. How do I pay tolls on the highway?
   Hvordan betaler jeg vejafgifter på motorvejen?
   (Vor-dan beh-tah-ler yai vay-af-gifter paw mo-tor-ve-yen?)

04. Where can I find a car wash nearby?
   Hvor kan jeg finde en bilvask i nærheden?
   (Vor kahn yai fin-deh en bil-vask ee near-he-den?)

05. Are there electric vehicle charging stations?
   Er der ladestandere til elbiler?
   (Air der lah-deh-stan-der-eh til ehl-bee-ler?)

206. Can I rent a GPS navigation system with the car?
Kan jeg leje et GPS-navigationssystem med bilen?
(Kan yai lai-eh et Gee-Pee-Ess-nah-vee-ga-shuns-sys-tem mehd bee-len?)

207. What's the cost of parking in the city center?
Hvad koster det at parkere i centrum?
(Vad koh-ster deht at pahr-keh-reh ee sen-trum?)

208. Do I need an international driving permit?
Skal jeg have et internationalt kørekort?
(Skal yai hah-veh et in-ter-na-syo-nalt kuh-reh-kort?)

209. Is roadside assistance available?
Er der vejhjælp tilgængelig?
(Air der vay-hyælp til-gen-lee?)

> **Fun Fact:** The Danish pastry known as "Wienerbrød" has its origins in Vienna, Austria.

210. Are there any traffic cameras on this route?
Er der trafikkameraer på denne rute?
(Air der tra-fik-ka-meh-rer paw den-neh roo-teh?)

211. Can you recommend a reliable mechanic?
Kan du anbefale en pålidelig mekaniker?
(Kan doo an-beh-fah-leh en paw-lee-del-ig meh-ka-nee-ker?)

212. What's the speed limit in residential areas?
Hvad er fartgrænsen i boligområder?
(Vad air fart-græn-sen ee boh-leeg-om-row-der?)

Airport Transfers and Shuttles

213. Where is the taxi stand located at the airport?
Hvor ligger taxiholdepladsen i lufthavnen?
(Vor lig-ger tak-see-hol-deh-plad-sen ee looft-hav-nen?)

214. Do airport shuttles run 24/7?
Kører lufthavnstransporten døgnet rundt?
(Kur-er looft-havns-trans-por-ten deu-gnet runt?)

> **Idiomatic Expression:** "At gå agurk." -
> Meaning: "To go crazy or lose control."
> (Literal translation: "To go cucumber.")

215. How long does it take to reach downtown by taxi?
Hvor lang tid tager det at nå centrum med taxi?
(Vor lang teed tah-ger deht at naw sen-trum mehd tak-see?)

216. Is there a designated pick-up area for ride-sharing services?
Er der et bestemt afhentningsområde for samkørselstjenester?
(Air der et be-stemt af-hent-nings-om-row-deh for sam-kur-sels-tyen-ster?)

217. Can I book a shuttle in advance?
Kan jeg bestille en shuttle på forhånd?
(Kan yai be-stil-leh en shut-le paw for-hoond?)

> **Fun Fact:** Smørrebrød is a popular Danish open-faced
> sandwich made with various toppings like herring and
> liver pâté.

218. Do hotels offer free shuttle service to the airport?
Tilbyder hotellerne gratis shuttle-service til lufthavnen?
(Til-bee-der ho-tell-er-neh grah-tis shut-le ser-vee-seh til looft-hav-nen?)

219. What's the rate for a private airport transfer?
Hvad koster en privat lufthavnstransport?
(Vad koh-ster en pree-vat looft-havns-trans-port?)

220. Are there any public buses connecting to the airport?
Er der offentlige busser, der kører til lufthavnen?
(Air der oh-fen-lee-geh boos-er, der kur-er til looft-hav-nen?)

221. Can you recommend a reliable limousine service?
Kan du anbefale en pålidelig limousineservice?
(Kan doo an-beh-fah-le en paw-lee-de-leeg lee-moo-see-ne-ser-vee-seh?)

222. Is there an airport shuttle for early morning flights?
Er der en lufthavnsshuttle til tidlige morgenflyvninger?
(Air der en looft-havns-shut-le til tee-lee-geh mor-gen-flyv-ninger?)

Traveling with Luggage

223. Can I check my bags at this train station?
Kan jeg tjekke mine tasker på denne togstation?
(Kan yai chik-keh mee-neh tas-ker paw den-neh toh-sta-she-ohn?)

224. Where can I find baggage carts in the airport?
Hvor kan jeg finde bagagevogne i lufthavnen?
(Vor kan yai fin-deh bah-gah-veh-vog-neh ee looft-hav-nen?)

Fun Fact: "Fastelavn" is a Danish holiday similar to Halloween, where children dress up in costumes and go door-to-door for candy.

225. Are there weight limits for checked baggage?
Er der vægtgrænser for indchecket bagage?
(Air der veygt-græn-ser for in-chek-et bah-gah-geh?)

226. Can I carry my backpack as a personal item?
Kan jeg have min rygsæk som en personlig genstand?
(Kan yai hah-veh meen rüg-sæk sohm en per-son-leeg yen-stand?)

227. What's the procedure for oversized luggage?
Hvad er proceduren for overdimensioneret bagage?
(Vad air pro-seh-du-ren for oh-ver-dee-men-seh-ne-ret bah-gah-geh?)

228. Can I bring a stroller on the bus?
Kan jeg tage en barnevogn med på bussen?
(Kan yai tah-geh en bar-ne-vohn mehd paw boos-en?)

229. Are there lockers for storing luggage at the airport?
Er der opbevaringsskabe til bagage i lufthavnen?
(Air der op-beh-var-ings-skah-beh til bah-gah-geh ee looft-hav-nen?)

Fun Fact: Denmark is home to the world's oldest operating amusement park, Bakken, founded in 1583.

230. How do I label my luggage with contact information?
Hvordan mærker jeg mit bagage med kontaktinformation?
*(Vor-dan mer-ker yai meet bah-gah-geh mehd
kon-takt-in-for-ma-syo-nen?)*

231. Is there a lost and found office at the train station?
Er der et hittegodskontor på togstationen?
(Air der et hit-te-gods-kon-tor paw toh-sta-syo-nen?)

> **Idiomatic Expression:** "At have en skrue løs." -
> Meaning: "To be a bit crazy or eccentric."
> (Literal translation: "To have a screw loose.")

232. Can I carry fragile items in my checked bags?
Kan jeg have skrøbelige ting i mit indcheckede bagage?
*(Kan yai hah-veh skrur-be-lee-geh ting ee meet in-chek-eh-deh
bah-gah-geh?)*

> **"**
> "Det bedste er det godes fjende."
> **"The best is the enemy of the good."**
> *Striving for perfection can prevent you from
> achieving something good or adequate.*
> **"**

Word Search Puzzle: Travel & Transportation

AIRPORT
LUFTHAVN
BUS
BUS
TAXI
TAXI
TICKET
BILLET
MAP
KORT
CAR
BIL
METRO
METRO
BICYCLE
CYKEL
DEPARTURE
AFGANG
ARRIVAL
ANKOMST
ROAD
VEJ
PLATFORM
PLATFORM
STATION
STATION
TERMINAL
TERMINAL

```
R T Q T H O A B J G F W C D B
V C X V R I P L I J M T Y D I
H G L T R V Z L A C R Q K B L
P X E P U I A U A N Y X E D L
E M O N V K L T N T I C L Q E
H R Y V U L A S L N F M L F T
T F A A M N N M U T F O R E C
V E J T A X I O Z B B A R E P
G N A G F A M K F U G L V M T
F U F J P U R N B C O B Q F D
O A V Y D R E A N F C I O A F
J O N V A H T F U L I P O L U
F T S D D P D R B X M R A B W
H O C M M Z K Z A A L B M R Y
L L L P L X B T P Q G L A I E
F C T D S H U M B L K B S X C
T K M I Q O R K P S M I U D Q
L F C S C M E T R O P Q B D X
U I H W C K S B P L L J B O T
J X L P X T E C S N A O I Z U
B U C A A R V T Y D T C L F L
D S R T V L A J I R F O D X D
B V I W B I R C Q P O Q V E L
W O T R O K R M V R R B P C I
N J F O X B M R Y G M A N J B
S R E P C S S X A G R X Q W C
U E S S V B N O I T A T S B P
C Y G I W N N M U V U W Y W K
U N X Q P U T R A L F O L O C
E A Y K P V E V C L L S A A Y
```

59

Correct Answers:

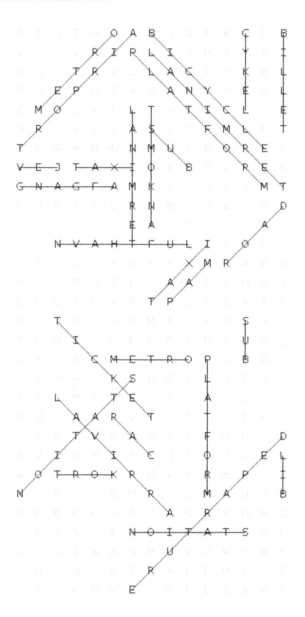

ACCOMMODATIONS

- CHECKING INTO A HOTEL -
- ASKING ABOUT ROOM AMENITIES -
- REPORTING ISSUES OR MAKING REQUESTS -

Hotel Check-In

233.   I have a reservation under [Name].
       Jeg har en reservation på [Navn].
       (Yai har en re-ser-va-she-ohn paw [Navn].)

234.   Can I see some identification, please?
       Kan jeg se noget identifikation, tak?
       (Kan yai se no-get iden-ti-fi-ka-she-ohn, tak?)

235.   What time is check-in/check-out?
       Hvornår er der indtjekning/udtjekning?
       (Vor-nor air dar in-chek-ning/ood-chek-ning?)

236.   Is breakfast included in the room rate?
       Er morgenmad inkluderet i værelsesprisen?
       (Air mor-gen-math in-kloo-der-et ee vair-rel-se-pree-sen?)

237.   Do you need a credit card for incidentals?
       Skal I bruge et kreditkort for diverse ekstraudgifter?
       *(Skal ee broo-geh et kreh-deet-kort for dee-ver-se
       ek-stra-ood-gif-ter?)*

238.   May I have a room key, please?
       Kan jeg få en værelsesnøgle, tak?
       (Kan yai foh en vair-rel-se-snø-gleh, tak?)

239.   Could you call a bellhop for assistance?
       Kan I tilkalde en piccolo for hjælp?
       (Kan ee til-kal-deh en pee-koh-loh for yelp?)

240.   Is there a shuttle service to the airport?
        Er der en shuttle-service til lufthavnen?
        (*Air dar en shut-le ser-vee-seh til looft-hav-nen?*)

        Fun Fact: Christmas Eve is the most important holiday
        in Denmark, celebrated with a festive dinner and the
        lighting of candles on the Christmas tree.

Room Amenities

241.   Can I request a non-smoking room?
        Kan jeg anmode om et ikke-ryger værelse?
        (*Kan yai an-moh-deh om et ik-keh-rü-ger vair-rel-seh?*)

242.   Is there a mini-fridge in the room?
        Er der et minibar i værelset?
        (*Air dar et mee-nee-bar ee vair-rel-set?*)

243.   Do you provide free Wi-Fi access?
        Tilbyder I gratis Wi-Fi adgang?
        (*Til-bee-der ee grah-tis Wee-Fee ad-gang?*)

244.   Can I have an extra pillow or blanket?
        Kan jeg få en ekstra pude eller tæppe?
        (*Kan yai foh en eks-tra poo-deh eh-lehr tep-peh?*)

245.   Is there a hairdryer in the bathroom?
        Er der en hårtørrer på badeværelset?
        (*Air dar en hor-tur-reh paw bah-deh-vair-rel-set?*)

246. What's the TV channel lineup?
Hvilke tv-kanaler er tilgængelige?
(*Vil-keh tee-veh-ka-na-ler air til-gen-lee-geh?*)

247. Are toiletries like shampoo provided?
Er toiletartikler som shampoo inkluderet?
(*Air toh-let-ar-tik-ler sohm sham-poo in-kloo-deh-ret?*)

248. Is room service available 24/7?
Er der roomservice tilgængelig hele døgnet?
(*Air dar room-ser-vee-seh til-gen-lee-geh hell-eh dueg-net?*)

> **Fun Fact:** Denmark has a strong tradition of folk dancing, with regional variations.

Reporting Issues

249. There's a problem with the air conditioning.
Der er et problem med aircondition.
(*Dair air et pro-blem mehd air-con-di-sion?*)

250. The shower is not working properly.
Bruseren virker ikke ordentligt.
(*Broo-ser-en veer-ker ik-keh or-den-lee?*)

251. My room key card isn't functioning.
Mit værelsesnøglekort virker ikke.
(*Mit vair-rel-se-snø-gleh-kort veer-ker ik-keh.*)

252. There's a leak in the bathroom.
Der er et læk i badeværelset.
(Dair air et lek ee bah-deh-vair-el-set.)

253. The TV remote is not responding.
Tv-fjernbetjeningen reagerer ikke.
(Tee-veh-fyern-be-tyen-ing-en ray-ah-ger-ar ik-keh.)

254. Can you fix the broken light in my room?
Kan I reparere den ødelagte lampe i mit værelse?
(Kan ee re-pah-re-reh den ur-deh-lah-teh lamp-eh ee meet vair-el-seh?)

255. I need assistance with my luggage.
Jeg har brug for hjælp med min bagage.
(Yai har broo for yelp mehd meen bah-gah-geh.)

256. There's a strange noise coming from next door.
Der kommer en mærkelig lyd fra værelset ved siden af.
(Dair kom-mer en mer-lee lyood frah vair-el-set ved see-den af.)

Making Requests

257. Can I have a wake-up call at 7 AM?
Kan jeg få et vækkeopkald klokken syv om morgenen?
(Kan yai foh et vek-keh-op-kald kloh-ken sev om mor-gen-en?)

> **Fun Fact:** Danish is the official language of Denmark and one of the official languages of Greenland.

258. Please send extra towels to my room.
Kan I sende ekstra håndklæder til mit værelse?
(Kan ee sen-deh ek-stra hone-klä-der til meet vair-el-seh?)

259. Could you arrange a taxi for tomorrow?
Kan I bestille en taxa til i morgen?
(Kan ee be-stil-leh en tak-sa til ee mor-gen?)

260. I'd like to extend my stay for two more nights.
Jeg vil gerne forlænge mit ophold med to nætter mere.
(Yai vil ger-neh for-leng-eh meet o-pold mehd to nay-ter meh-reh.)

Idiomatic Expression: "At slå knude på sig selv." -
Meaning: "To overexert oneself or work excessively."
(Literal translation: "To tie a knot in oneself.")

261. Is it possible to change my room?
Er det muligt at skifte værelse?
(Air det moo-leegt at skeef-teh vair-el-seh?)

262. Can I have a late check-out at 2 PM?
Kan jeg få en sen udtjekning klokken to om eftermiddagen?
(Kan yai foh en sen oot-check-ning kloh-ken to om ef-ter-mid-dah-gen?)

263. I need an iron and ironing board.
Jeg har brug for et strygejern og et strygebræt.
(Yai har broo for et stree-yeh-yarn oh et stree-yeh-bræt.)

264. Could you provide directions to [location]?
Kan I give mig vejvisning til [sted]?
(Kan ee gee-veh may vay-vees-ning til [sted]?)

Room Types and Preferences

265. I'd like to book a single room, please.
Jeg vil gerne booke et enkeltværelse, tak.
(Yai vil ger-neh boo-keh et en-kelt-vair-el-seh, tak.)

266. Do you have any suites available?
Er der nogle suiter ledige?
(Air der noh-leh swee-ter led-ee-geh?)

267. Is there a room with a view of the city?
Er der et værelse med udsigt over byen?
(Air der et vair-el-seh mehd oot-seegt oh-vehr by-en?)

268. Is breakfast included in the room rate?
Er morgenmad inkluderet i værelsesprisen?
(Air mor-gen-math in-kloo-deh-ret ee vair-el-se-pree-sen?)

269. Can I request a room on a higher floor?
Kan jeg anmode om et værelse på en højere etage?
(Kan yai an-moh-deh ohm et vair-el-seh paw en hoi-eh eh-tah-geh?)

270. Is there an option for a smoking room?
Er der mulighed for et rygerværelse?
(Air der moo-lee-hed for et rü-ger-vair-el-seh?)

> **Travel Story:** During a visit to the Faroe Islands, a guide shared the story of "Føroysk flaggdagur," the Faroese flag day, celebrating the island's distinct flag and culture.

271. Are there connecting rooms for families?
Er der forbundne værelser til familier?
(*Air dar for-boon-ne vair-rel-ser til fa-mi-lee-er?*)

272. I'd prefer a king-size bed.
Jeg ville foretrække en king-size seng.
(*Yai vil-leh for-træk-keh en king-size seng.*)

273. Is there a bathtub in any of the rooms?
Er der et badekar i nogle af værelserne?
(*Air dar et bah-deh-kar ee noh-le af vair-el-ser-neh?*)

Hotel Facilities and Services

274. What time does the hotel restaurant close?
Hvornår lukker hotellets restaurant?
(*Vor-nor look-ker ho-tel-lets res-tau-rant?*)

275. Is there a fitness center in the hotel?
Er der et fitnesscenter i hotellet?
(*Air dar et fit-ness-sen-ter ee ho-tel-let?*)

276. Can I access the pool as a guest?
Kan jeg bruge poolen som gæst?
(*Kan yai broo-geh pool-en som gæst?*)

277. Do you offer laundry facilities?
Tilbyder I vaskemuligheder?
(*Til-bee-der ee vas-keh-moo-lig-he-der?*)

278.   Is parking available on-site?
Er der parkering på stedet?
(*Air dar par-ke-ring paw steh-det?*)

279.   Is room cleaning provided daily?
Bliver værelset rengjort dagligt?
(*Blee-ver vair-el-set ren-yort dah-lee?*)

280.   Can I use the business center?
Kan jeg bruge businesscenteret?
(*Kan yai broo-geh bi-zness-sen-ter-et?*)

281.   Are pets allowed in the hotel?
Er kæledyr tilladt i hotellet?
(*Air kel-e-dyr til-lat ee ho-tel-let?*)

> **Travel Story:** While admiring the iconic Little Mermaid statue in Copenhagen, a fellow traveler explained the connection between the statue and Hans Christian Andersen's fairy tale.

Payment and Check-Out

282.   Can I have the bill, please?
Kan jeg få regningen, tak?
(*Kan yai foh ree-ning-en, tak?*)

283.   Do you accept credit cards?
Accepterer I kreditkort?
(*Ak-sep-te-rer ee kre-di-tkort?*)

284. Can I pay in cash?
Kan jeg betale kontant?
(*Kan yai beh-tah-leh kon-tant?*)

285. Is there a security deposit required?
Kræves der et sikkerhedsdepositum?
(*Kreh-ves dar et sik-ker-heds-de-po-see-toom?*)

286. Can I get a receipt for my stay?
Kan jeg få en kvittering for mit ophold?
(*Kan yai foh en kvit-ter-ing for meet op-hold?*)

287. What's the check-out time?
Hvornår er udtjekningstiden?
(*Vor-nor air ood-chek-nings-tee-den?*)

288. Is late check-out an option?
Er sen udtjekning en mulighed?
(*Air sen ood-chek-ning en moo-lee-hed?*)

289. Can I settle my bill in advance?
Kan jeg betale min regning på forhånd?
(*Kan yai beh-tah-leh meen reng-ning paw for-hoond?*)

Booking Accommodations

290. I'd like to make a reservation.
Jeg vil gerne lave en reservation.
(*Yai vil ger-neh lah-veh en re-ser-va-she-ohn.*)

91. How much is the room rate per night?
Hvor meget koster værelset pr. nat?
(*Vor mye-get koh-ster vair-el-set pr. nat?*)

92. Can I book online or by phone?
Kan jeg booke online eller over telefonen?
(*Kan yai boo-keh on-line el-ler oh-ver teh-le-foh-nen?*)

93. Are there any special promotions?
Er der nogle særlige tilbud?
(*Air dar noh-leh se-er-lee-geh til-bood?*)

94. Is breakfast included in the booking?
Er morgenmad inkluderet i reservationen?
(*Air mor-gen-math in-kloo-der-et ee re-ser-va-she-ohn-en?*)

95. Can you confirm my reservation?
Kan du bekræfte min reservation?
(*Kan doo beh-krehf-teh meen re-ser-va-she-ohn?*)

96. What's the cancellation policy?
Hvad er afbestillingspolitikken?
(*Vad air af-be-stil-lings-po-li-tik-ken?*)

97. I'd like to modify my booking.
Jeg vil gerne ændre min reservation.
(*Yai vil ger-neh æn-dre meen re-ser-va-she-ohn.*)

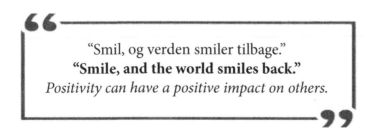

"Smil, og verden smiler tilbage."
"Smile, and the world smiles back."
Positivity can have a positive impact on others.

Mini Lesson:
Basic Grammar Principles in Danish #1

Introduction:

Danish, a North Germanic language spoken primarily in Denmark and parts of Greenland, is known for its unique sound and intonation. It is a key to understanding Danish culture and society. This lesson will introduce you to the basic grammar principles of Danish, providing a foundation for beginners to embark on their journey of learning this fascinating language.

1. Nouns and Gender:

Danish nouns are categorized into two genders: common (en-words) and neuter (et-words). The article "en" or "et" is used for indefinite singular forms:

- *En hund (a dog) - common*
- *Et hus (a house) - neuter*

2. Definite Articles:

In Danish, the definite article is a suffix attached to the noun, unlike in English, where it is a separate word:

- *Hunden (the dog)*
- *Huset (the house)*

3. Personal Pronouns:

Danish personal pronouns vary based on their function in the sentence:

- *Jeg (I)*
- *Du (you - singular)*
- *Han/Hun/Den/Det (he/she/it, with den for common and det for neuter)*
- *Vi (we)*
- *I (you - plural)*
- *De (they)*

4. Verb Conjugation:

Danish verbs are not conjugated for person or number. The same form is used regardless of the subject, but they do change with the tense:

- *Jeg er (I am)*
- *Du er (You are)*
- *Han/Hun/Den/Det er (He/She/It is)*
- *Vi er (We are)*
- *I er (You all are)*
- *De er (They are)*

5. Tenses:

Danish verbs are used in several tenses to indicate time, including present, past, and future:

- *Jeg læser (I read)*
- *Jeg læste (I read/I was reading - past)*
- *Jeg vil læse (I will read)*

6. Negation:

To negate a sentence in Danish, place "ikke" after the verb:

- *Jeg forstår ikke (I don't understand)*
- *De taler ikke dansk (They don't speak Danish)*

7. Questions:

Questions in Danish can be formed by inverting the subject and verb or using question words:

- *Taler du dansk? (Do you speak Danish?)*
- *Hvor er badeværelset? (Where is the bathroom?)*

8. Plurals:

Danish plural forms vary and can include adding -er, -e, or no change at all:

- *En bil (a car) -> Biler (cars)*
- *Et bord (a table) -> Borde (tables)*

Conclusion:

Understanding these fundamental aspects of Danish grammar will greatly aid your language learning process. Consistent practice and engagement with Danish media, literature, and conversation will enhance your skills. Held og lykke! (Good luck!)

SHOPPING

- BARGAINING AND HAGGLING -
- DESCRIBING ITEMS AND SIZES -
- MAKING PURCHASES AND PAYMENTS -

Bargaining

298. Can you give me a discount?
Kan du give mig en rabat?
(Kan doo gee-veh may en rah-bat?)

299. What's your best price?
Hvad er din bedste pris?
(Vad air deen bed-steh prees?)

300. Is this the final price?
Er det her den endelige pris?
(Air deh hair den en-del-ee-geh prees?)

> **Idiomatic Expression:** "At skue hunden på hårene." -
> Meaning: "To judge someone or something superficially."
> (Literal translation: "To judge the dog by its hair.")

301. I'd like to negotiate the price.
Jeg vil gerne forhandle om prisen.
(Yai vil ger-neh for-han-leh om prees-en?)

302. Can you do any better on the price?
Kan du give mig en bedre pris?
(Kan doo gee-veh may en bed-reh prees?)

303. Are there any promotions or deals?
Er der nogle kampagner eller tilbud?
(Air dar noh-leh kam-pan-yer el-ler til-bood?)

304. What's the lowest you can go?
Hvor lavt kan du gå?
(Vor lavt kan doo goh?)

05. I'm on a budget. Can you lower the price?
Jeg har et begrænset budget. Kan du sænke prisen?
(*Yai hahr et be-græn-set boo-jet. Kan doo sen-keh prees-en?*)

06. Do you offer any discounts for cash payments?
Giver I rabat for kontant betaling?
(*Gee-ver ee rah-bat for kon-tant beh-tah-ling?*)

07. Can you match the price from your competitor?
Kan du matche prisen fra dine konkurrenter?
(*Kan doo mah-tcheh prees-en frah deen-e kon-kur-ren-ter?*)

Item Descriptions

08. Can you tell me about this product?
Kan du fortælle mig om dette produkt?
(*Kan doo for-tel-leh may om deh-teh pro-dukt?*)

09. What are the specifications of this item?
Hvad er specifikationerne for denne vare?
(*Vad air speh-si-fi-ka-she-oh-ner-neh for den-neh vah-reh?*)

10. Is this available in different colors?
Findes den her i forskellige farver?
(*Fin-des den hair ee for-ske-lee-geh fahr-ver?*)

11. Can you explain how this works?
Kan du forklare hvordan dette fungerer?
(*Kan doo for-klah-reh vor-dan deh-teh foon-ger-er?*)

312.   What's the material of this item?
        Hvad er dette objekt lavet af for materiale?
        (*Vad air deh-teh ob-yekt lah-vet af for mah-teh-ree-ah-le?*)

313.   Are there any warranties or guarantees?
        Er der nogen garantier eller forsikringer?
        (*Air dar noh-en gah-ran-teer el-ler for-sik-ring-er?*)

314.   Does it come with accessories?
        Medfølger der tilbehør?
        (*Med-fuhl-ger dar til-beh-hur?*)

315.   Can you show me how to use this?
        Kan du vise mig, hvordan man bruger dette?
        (*Kan doo vee-seh may, vor-dan man broo-ger deh-teh?*)

316.   Are there any size options available?
        Findes der forskellige størrelser?
        (*Fin-des dar for-skel-lee-geh stur-rel-ser?*)

317.   Can you describe the features of this product?
        Kan du beskrive produktets funktioner?
        (*Kan doo be-skree-veh pro-duk-tets funk-she-oh-ner?*)

Payments

318.   I'd like to pay with a credit card.
        Jeg vil gerne betale med kreditkort.
        (*Yai vil ger-neh beh-tah-leh mehd kre-diht-kort.*)

319. Do you accept debit cards?
Tager I debetkort?
(*Tah-ger ee deh-bet-kort?*)

320. Can I pay in cash?
Kan jeg betale kontant?
(*Kan yai beh-tah-leh kon-tant?*)

> **Idiomatic Expression:** "At stå med skægget i postkassen." - Meaning: "To find yourself in a difficult situation." (Literal translation: "To stand with your beard in the mailbox.")

321. What's your preferred payment method?
Hvad foretrækker I som betalingsmetode?
(*Vad for-træk-ker ee som beh-tal-ings-me-toh-deh?*)

322. Is there an extra charge for using a card?
Er der et ekstra gebyr for at bruge et kort?
(*Air dar et ek-stra geh-byur for at broo-geh et kort?*)

323. Can I split the payment into installments?
Kan jeg opdele betalingen i rater?
(*Kan yai op-deh-leh beh-tal-ing-en ee rah-ter?*)

324. Do you offer online payment options?
Tilbyder I betalingsmuligheder online?
(*Til-bee-der ee beh-tal-ings-moo-lee-heder on-line?*)

325. Can I get a receipt for this purchase?
Kan jeg få en kvittering for dette køb?
(*Kan yai foh en kvit-ter-ing for deh-teh køb?*)

326. Are there any additional fees?
Er der nogen ekstra gebyrer?
(Air dar noh-en ek-stra yeh-by-rer?)

327. Is there a minimum purchase amount for card payments?
Er der et minimumskøbsbeløb for kortbetalinger?
(Air dar et meen-ee-mums-købs-be-løb for kort-beh-tal-ing-er?)

> **Travel Story:** At a traditional Danish bakery, a baker discussed "Kransekage," a popular Danish dessert made from rings of almond paste, often served at celebrations like weddings and New Year's.

Asking for Recommendations

328. Can you recommend something popular?
Kan du anbefale noget populært?
(Kan doo an-beh-fah-le noh-get po-pu-lairt?)

329. What's your best-selling product?
Hvad er jeres bedst sælgende produkt?
(Vad air yai-res bedst sæl-yen-de pro-dukt?)

330. Do you have any customer favorites?
Har I nogle kundefavoritter?
(Har ee noh-le koon-deh-fah-vo-rit-ter?)

331. Is there a brand you would suggest?
Er der et mærke du vil anbefale?
(Air dar et mer-keh doo vil an-beh-fah-le?)

332. Could you point me to high-quality items?
Kan du henvise mig til produkter af høj kvalitet?
(*Kan doo hen-vee-seh may til pro-duk-ter af hoy kval-ee-tet?*)

333. What do most people choose in this category?
Hvad vælger de fleste i denne kategori?
(*Vad væl-yer deh fles-teh ee den-neh ka-te-go-ree?*)

334. Are there any special recommendations?
Har I nogle særlige anbefalinger?
(*Har ee noh-le sæ-er-lee-geh an-beh-fal-ing-er?*)

335. Can you tell me what's trendy right now?
Kan du fortælle mig, hvad der er på mode lige nu?
(*Kan doo for-tel-leh may, vad dar air paw mo-de lee-geh noo?*)

336. What's your personal favorite here?
Hvad er din personlige favorit her?
(*Vad air deen pehr-soh-nee-lee-geh fah-vo-rit hair?*)

337. Any suggestions for a gift?
Har du nogle forslag til en gave?
(*Har doo noh-le for-slåg til en gah-veh?*)

Language Learning Tip: Learn Danish Songs - Singing along to Danish songs can improve your pronunciation and rhythm.

Returns and Exchanges

338. I'd like to return this item.
      Jeg vil gerne returnere denne vare.
      (*Yai vil ger-neh reh-tur-neh-reh den-neh vah-reh.*)

339. Can I exchange this for a different size?
      Kan jeg bytte denne til en anden størrelse?
      (*Kan yai bit-teh den-neh til en an-den stur-rel-seh?*)

340. What's your return policy?
      Hvad er jeres returpolitik?
      (*Vad air yai-res reh-tur-po-li-tik?*)

341. Is there a time limit for returns?
      Er der en tidsfrist for returneringer?
      (*Air dar en teeds-frist for reh-tur-nehr-ing-er?*)

342. Do I need a receipt for a return?
      Skal jeg have en kvittering for at returnere?
      (*Skal yai hah-veh en kvit-ter-ing for at reh-tur-neh-reh?*)

343. Is there a restocking fee for returns?
      Er der et genopfyldningsgebyr for returneringer?
      (*Air dar et ye-nop-fül-dnings-ye-byur for reh-tur-nehr-ing-er?*)

344. Can I get a refund or store credit?
      Kan jeg få en tilbagebetaling eller butikskredit?
      (*Kan yai foh en til-bah-geh-beh-tah-ling el-ler
      boo-teeks-kre-deet?*)

45. Do you offer exchanges without receipts?
Tilbyder I ombytning uden kvittering?
(*Til-bee-der ee om-bit-ning oo-den kvit-ter-ing?*)

46. What's the process for returning a defective item?
Hvad er processen for at returnere en defekt vare?
(*Vad air pro-ses-sen for at reh-tur-neh-reh en deh-fekt vah-reh?*)

47. Can I return an online purchase in-store?
Kan jeg returnere et onlinekøb i butikken?
(*Kan yai reh-tur-neh-reh et on-lee-neh-køb ee boo-teek-ken?*)

> **Travel Story:** On a boat tour in the Limfjord, a captain talked about "Agger Tange," a unique coastal formation where the North Sea and Limfjord meet, creating diverse marine life.

Shopping for Souvenirs

48. I'm looking for local souvenirs.
Jeg leder efter lokale souvenirs.
(*Yai leh-der ef-ter loh-kah-le soo-ve-nirs.*)

49. What's a popular souvenir from this place?
Hvad er en populær souvenir fra dette sted?
(*Vad air en poo-pu-lair soo-ve-neer frah deh-teh sted?*)

50. Do you have any handmade souvenirs?
Har I nogen håndlavede souvenirs?
(*Har ee noh-en hone-lah-veh-deh soo-ve-nirs?*)

351. Are there any traditional items here?
Er der nogle traditionelle genstande her?
(Air dar noh-le tra-di-syo-nel-le gen-stan-deh hair?)

352. Can you suggest a unique souvenir?
Kan du foreslå en unik souvenir?
(Kan doo for-eslå en oo-neek soo-ve-neer?)

353. I want something that represents this city.
Jeg vil have noget, der repræsenterer denne by.
(Yai vil hah-veh noh-et, dar re-præ-sen-teh-rer den-neh boo-ee.)

354. Are there souvenirs for a specific landmark?
Er der souvenirs for et bestemt vartegn?
(Air dar soo-ve-neers for et be-stemt vahr-ten?)

355. Can you show me souvenirs with cultural significance?
Kan du vise mig souvenirs med kulturel betydning?
(Kan doo vee-seh may soo-ve-neers mehd kool-to-rel be-teen-ing?)

356. Do you offer personalized souvenirs?
Tilbyder I personlige souvenirs?
(Til-bee-der ee per-son-lee-geh soo-ve-neers?)

357. What's the price range for souvenirs?
Hvad er prislejet for souvenirs?
(Vad air prees-lie-yet for soo-ve-neers?)

> **Cultural Insight:** Denmark is renowned for its design and architecture. Danish designers like Arne Jacobsen and Hans J. Wegner have made significant contributions to the world of design.

Shopping Online

358. How do I place an order online?
Hvordan afgiver jeg en bestilling online?
(*Vor-dan af-gee-ver yai en be-stil-ing on-line?*)

359. What's the website for online shopping?
Hvad er websiden for online shopping?
(*Vad air vehb-see-den for on-line shop-ping?*)

360. Do you offer free shipping?
Tilbyder I gratis fragt?
(*Til-bee-der ee grah-tis frahgt?*)

361. Are there any online discounts or promotions?
Er der nogen online rabatter eller kampagner?
(*Air dar noh-en on-line rah-bat-ter eller kam-pan-yer?*)

362. Can I track my online order?
Kan jeg spore min onlinebestilling?
(*Kan yai spoh-reh min on-line-be-stil-ing?*)

363. What's the return policy for online purchases?
Hvad er returpolitikken for onlinekøb?
(*Vad air reh-toor-po-lee-tik-ken for on-line-kerp?*)

364. Do you accept various payment methods online?
Accepterer I forskellige betalingsmetoder online?
(*Ak-sep-teh-rar ee for-skel-lee-geh beh-tal-ings-me-toh-der on-line?*)

365. Is there a customer support hotline for online orders?
Er der en kundesupportlinje for onlinebestillinger?
(Air dar en koon-deh-sup-pohrt-lin-yeh for on-line-be-stil-ing-er?)

> **Idiomatic Expression:** "At spille dum over for nogen." -
> Meaning: "To pretend not to know something."
> (Literal translation: "To play dumb in front of someone.")

366. Can I change or cancel my online order?
Kan jeg ændre eller afbestille min onlinebestilling?
(Kan yai en-dreh el-ler af-be-stil-leh min on-line-be-stil-ing?)

367. What's the delivery time for online purchases?
Hvad er leveringstiden for onlinekøb?
(Vad air leh-vehr-ings-tee-den for on-line-kerp?)

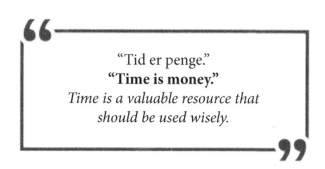

"Tid er penge."
"Time is money."
*Time is a valuable resource that
should be used wisely.*

Cross Word Puzzle: Shopping

(Provide the Danish translation for the following English words)

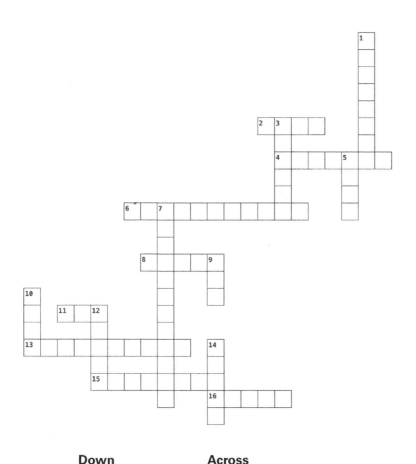

Down	Across
1. - BOUTIQUE	2. - WALLET
3. - SALE	4. - SHOPPER
5. - PRICE	6. - CART
7. - RETAIL	8. - DISCOUNT
9. - CLOTHING	11. - PURCHASE
10. - COUNTER	13. - RECEIPT
12. - STORE	15. - CASHIER
14. - BRAND	16. - CUSTOMER

Correct Answers:

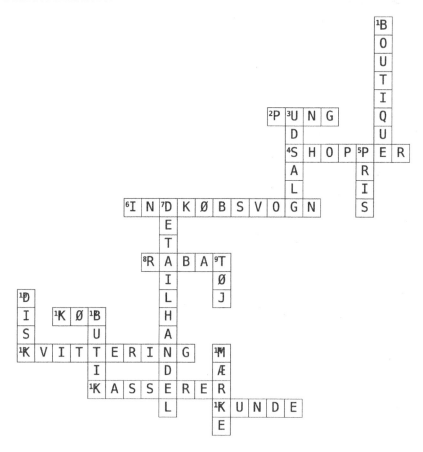

EMERGENCIES

- SEEKING HELP IN CASE OF AN EMERGENCY -
- REPORTING ACCIDENTS OR HEALTH ISSUES -
- CONTACTING AUTHORITIES OR MEDICAL SERVICES -

Getting Help in Emergencies

368. Call an ambulance, please.
      Kan du ringe efter en ambulance, tak?
      (Kan doo ring-eh ef-ter en am-bu-lan-seh, tak?)

> **Language Learning Tip:** Follow Danish social media accounts and participate in discussions.

369. I need a doctor right away.
      Jeg har brug for en læge straks.
      (Yai har broo for en leh-geh straks.)

370. Is there a hospital nearby?
      Er der et hospital i nærheden?
      (Air dar et hos-pi-tal ee near-hen?)

371. Help! I've lost my way.
      Hjælp! Jeg har mistet vej.
      (Yelp! Yai har mis-ted vay.)

372. Can you call the police?
      Kan du ringe til politiet?
      (Kan doo ring-eh til po-lee-tee-et?)

373. Someone, please call for help.
      Kan nogen ringe efter hjælp?
      (Kan noh-en ring-eh ef-ter yelp?)

374. My friend is hurt, we need assistance.
      Min ven er såret, vi har brug for hjælp.
      (Meen ven air sore-et, vee har broo for yelp.)

375. I've been robbed; I need the authorities.
Jeg er blevet røvet; jeg har brug for myndighederne.
(*Yai air blev-et ruh-vet; yai har broo for myn-dig-he-der-neh.*)

376. Please, I need immediate assistance.
Vær så venlig, jeg har brug for øjeblikkelig hjælp.
(*Vair soh ven-lee, yai har broo for oye-blik-lee yelp.*)

377. Is there a fire station nearby?
Er der en brandstation i nærheden?
(*Air dar en bran-sta-she-ohn ee near-hen?*)

Reporting Incidents

378. I've witnessed an accident.
Jeg har været vidne til en ulykke.
(*Yai har vair-et vid-neh til en oo-lyk-keh.*)

379. There's been a car crash.
Der har været en bilulykke.
(*Dair har vair-et en bil-oo-lyk-keh.*)

380. We need to report a fire.
Vi skal rapportere en brand.
(*Vee skal rap-por-teh-re en brand.*)

381. Someone has stolen my wallet.
Nogen har stjålet min pung.
(*No-en har styo-let meen poong.*)

382. I need to report a lost passport.
Jeg skal anmelde et mistet pas.
(Yai skal an-mel-deh et mis-tet pas.)

383. There's a suspicious person here.
Der er en mistænkelig person her.
(Dair air en mis-ten-lee person hair.)

384. I've found a lost child.
Jeg har fundet et bortkommet barn.
(Yai har foon-det et bort-kom-met barn.)

385. Can you help me report a missing person?
Kan du hjælpe mig med at anmelde en savnet person?
(Kan doo yel-peh may mehd at an-mel-deh en sav-net person?)

386. We've had a break-in at our home.
Vi har haft et indbrud i vores hjem.
(Vee har haft et in-brud ee vo-res yem.)

387. I need to report a damaged vehicle.
Jeg skal anmelde et beskadiget køretøj.
(Yai skal an-mel-deh et be-sha-di-get ker-reh-tøy.)

Contacting Authorities

388. I'd like to speak to the police.
Jeg vil gerne tale med politiet.
(Yai vil ger-neh tah-leh mehd po-lee-tee-et.)

389. I need to contact the embassy.
Jeg skal kontakte ambassaden.
(*Yai skal kon-tak-teh am-bas-sa-den.*)

390. Can you connect me to the fire department?
Kan du forbinde mig til brandvæsenet?
(*Kan doo for-bin-deh may til bran-vay-seh-net?*)

391. We need to reach animal control.
Vi skal kontakte dyreværnet.
(*Vee skal kon-tak-teh dee-reh-vern-et.*)

392. How do I get in touch with the coast guard?
Hvordan kontakter jeg kystvagten?
(*Vor-dan kon-tak-ter yai kyst-vagt-en?*)

393. I'd like to report a noise complaint.
Jeg vil anmelde en klage over støj.
(*Yai vil an-mel-deh en klah-geh oh-ver stoy.*)

394. I need to contact child protective services.
Jeg skal kontakte børnebeskyttelsen.
(*Yai skal kon-tak-teh bern-eh-beh-skyt-tel-sen.*)

395. Is there a hotline for disaster relief?
Er der en hotline for katastrofehjælp?
(*Air dar en hot-line for ka-tas-tro-feh-yelp?*)

> **Fun Fact:** Denmark is known for its numerous fjords, which are especially prevalent in the western part of the country.

396. I want to report a hazardous situation.
Jeg vil rapportere en farlig situation.
(*Yai vil rap-por-teh-reh en far-lee see-too-a-she-ohn.*)

397. I need to reach the environmental agency.
Jeg skal kontakte miljømyndigheden.
(*Yai skal kon-tak-teh mil-yø-myn-di-he-den.*)

> **Travel Story:** During a visit to the Louisiana Museum of Modern Art, an art enthusiast discussed the works of Danish painter Asger Jorn and his contributions to the CoBrA art movement.

Medical Emergencies

398. I'm feeling very ill.
Jeg føler mig meget dårlig.
(*Yai fø-lehr may meh-get dor-lee.*)

399. There's been an accident; we need a medic.
Der har været en ulykke; vi har brug for en læge.
(*Dair har vairt en oo-lyk-keh; vee har broo for en leh-geh.*)

400. Call 112; it's a medical emergency.
Ring 112; det er et medicinsk nødstilfælde.
(*Ring ett hundrede tolv; deht air et meh-dee-sinsk nøds-til-fel-deh.*)

> **Fun Fact:** The Danish archipelago includes islands like Funen and Zealand.

01. We need an ambulance right away.
   Vi har brug for en ambulance straks.
   (*Vee har broo for en am-bu-lance straks.*)

02. I'm having trouble breathing.
   Jeg har svært ved at trække vejret.
   (*Yai har svairt ved at træk-keh vay-ret.*)

03. Someone has lost consciousness.
   Nogen er besvimet.
   (*No-en air be-svee-met.*)

04. I think it's a heart attack; call for help.
   Jeg tror, det er et hjerteanfald; ring efter hjælp.
   (*Yai trohr, deht air et yair-te-an-fahl; ring ef-ter yelp.*)

05. There's been a severe injury.
   Der har været en alvorlig skade.
   (*Dair har vairt en al-vor-lee ska-deh.*)

06. I need immediate medical attention.
   Jeg har brug for øjeblikkelig medicinsk hjælp.
   (*Yai har broo for øye-blik-lee meh-dee-sinsk yelp.*)

07. Is there a first-aid station nearby?
   Er der en førstehjælpsstation i nærheden?
   (*Air dar en fur-steh-yelps-sta-she-ohn ee near-he-den?*)

   Idiomatic Expression: "At puste til ilden." -
   Meaning: "To aggravate or make a situation worse."
   (Literal translation: "To blow on the fire.")

Fire and Safety

408. There's a fire; call 112!
Der er brand; ring 112!
(Dair air brand; ring ett hundrede tolv!)

409. We need to evacuate the building.
Vi skal evakuere bygningen.
(Vee skal eh-vah-koo-eh-reh byg-ning-en.)

410. Fire extinguisher, quick!
Brandslukker, hurtigt!
(Brand-sluk-ker, hurt-igt!)

411. I smell gas; we need to leave.
Jeg lugter gas; vi skal gå ud.
(Yai loog-ter gas; vee skal goh ood.)

> **Fun Fact:** Greenland, an autonomous territory within the Kingdom of Denmark, is the world's largest island.

412. Can you contact the fire department?
Kan du kontakte brandvæsenet?
(Kan doo kon-tak-teh brand-veh-seh-net?)

413. There's a hazardous spill; we need help.
Der er sket et farligt udslip; vi har brug for hjælp.
(Dair air skeht et far-lee ood-slip; vee har broo for yelp.)

414. Is there a fire escape route?
Er der en nødudgang for brand?
(Air dar en nüd-ood-gong for brand?)

415. This area is not safe; we need to move.
Dette område er ikke sikkert; vi skal flytte os.
(*Det-teh om-roh-deh air ik-keh sik-kert; vee skal flyt-teh os.*)

416. Alert, there's a potential explosion.
Advarsel, der er risiko for en eksplosion.
(*Ad-var-sel, dair air ri-si-ko for en ek-splo-sion.*)

417. I see smoke; we need assistance.
Jeg ser røg; vi har brug for assistance.
(*Yai ser røg; vee har broo for ass-istan-seh.*)

Natural Disasters

418. It's an earthquake; take cover!
Det er et jordskælv; tag dækning!
(*Det air et yords-kehlv; tag dehk-ning!*)

419. We're experiencing a tornado; find shelter.
Der er en tornado; find ly.
(*Dair air en tor-nah-do; find lee.*)

420. Flood warning; move to higher ground.
Oversvømmelsesvarsel; flyt til højere terræn.
(*O-ver-svøm-melses-var-sel; flyt til hoy-yer tehr-ren.*)

421. We need to prepare for a hurricane.
Vi skal forberede os til en orkan.
(*Vee skal for-beh-reh-deh os til en or-kan.*)

422. This is a tsunami alert; head inland.
Dette er en tsunamiadvarsel; begiv jer ind i landet.
(Det-teh air en tsoo-nah-mee-ad-var-sel; beh-giv yair ind ee lan-det.)

> **Fun Fact:** Denmark is famous for its high-quality dairy products, including butter and cheese.

423. It's a wildfire; evacuate immediately.
Det er en skovbrand; evakuer straks.
(Det air en skov-brand; eh-vah-koo-er straks.)

424. There's a volcanic eruption; take precautions.
Der er et vulkanudbrud; tag forholdsregler.
(Dair air et vool-kan-ood-brood; tahg for-holds-reg-ler.)

425. We've had an avalanche; help needed.
Der har været et lavineskred; hjælp er nødvendig.
(Dair har vairt et lah-veen-skræd; yelp air nød-ven-dee.)

426. Earthquake aftershock; stay indoors.
Efterskælv efter jordskælv; bliv indenfor.
(Ef-ter-skælv ef-ter yords-kælv; bleeve in-den-for.)

427. Severe thunderstorm; seek shelter.
Kraftigt tordenvejr; søg ly.
(Kraf-tigt tor-den-vai-er; søg lee.)

> **Idiomatic Expression:** "At se sig sur på nogen." - Meaning: "To be angry with someone."
> (Literal translation: "To look sour at someone.")

Emergency Services Information

428. What's the emergency hotline number?
Hvad er nødtelefonnummeret?
(Vahd air nød-te-le-fon-noo-mer-et?)

429. Where's the nearest police station?
Hvor ligger den nærmeste politistation?
(Vor lig-er den near-mes-te po-lee-ti-stah-tion?)

430. How do I contact the fire department?
Hvordan kontakter jeg brandvæsenet?
(Vor-dan kon-tak-ter yai brand-veh-seh-net?)

431. Is there a hospital nearby?
Er der et hospital i nærheden?
(Air dar et hos-pi-tal ee nær-he-den?)

432. What's the number for poison control?
Hvad er nummeret til Giftlinjen?
(Vahd air noo-mer-et til Gift-lin-yen?)

433. Where can I find a disaster relief center?
Hvor kan jeg finde et katastrofehjælpscenter?
(Vor kahn yai fin-deh et ka-tas-tro-fuh-yælps-sen-ter?)

Fun Fact: The traditional Christmas dish in Denmark is "flæskesteg," a roast pork dish with crispy skin.

434. What's the local emergency radio station?
Hvad er den lokale nødradiostation?
(*Vahd air den loh-kah-le nød-ra-dee-oh-sta-she-ohn?*)

435. Are there any shelters in the area?
Er der nogle beskyttelsesrum i området?
(*Air dar noh-le beh-skyt-tels-es-room ee om-roh-det?*)

436. Who do I call for road assistance?
Hvem ringer jeg for vejhjælp?
(*Vem ring-er yai for vay-yelp?*)

437. How can I reach search and rescue teams?
Hvordan kontakter jeg søg- og redningstjenester?
(*Vor-dan kon-tak-ter yai søg oh red-ning-styen-est-er?*)

> "Hvor der er røg, er der ild."
> **"Where there's smoke, there's fire."**
> *If there's evidence of a problem,*
> *there's likely a problem.*

Interactive Challenge: Emergencies Quiz

1. How do you say "emergency" in Danish?

    a) Æble
    b) Nødsituation
    c) Ost
    d) Strand

2. What's the Danish word for "ambulance"?

    a) Bil
    b) Cykel
    c) Ambulance
    d) Skole

3. If you need immediate medical attention, what should you say in Danish?

    a) Jeg vil gerne have brød.
    b) Hvor er stationen?
    c) Jeg har brug for øjeblikkelig medicinsk hjælp.

4. How do you ask "Is there a hospital nearby?" in Danish?

    a) Hvor er biografen?
    b) Har du en pen?
    c) Er der et hospital i nærheden?

5. What's the Danish word for "police"?

    a) Æble
    b) Politi
    c) Tog

6. **How do you say "fire" in Danish?**

    a) Sol
    b) Hund
    c) Brand
    d) Bog

7. **If you've witnessed an accident, what phrase can you use in Danish?**

    a) Jeg vil gerne have chokolade.
    b) Jeg har set en ulykke.
    c) Jeg kan lide blomster.
    d) Det her er mit hus.

8. **What's the Danish word for "help"?**

    a) Farvel
    b) Goddag
    c) Tak
    d) Hjælp!

9. **How would you say "I've been robbed; I need the authorities" in Danish?**

    a) Jeg har spist ost.
    b) Jeg er blevet røvet; jeg har brug for myndighederne.
    c) Det er et smukt bjerg.

10. **How do you ask "Can you call an ambulance, please?" in Danish?**

    a) Kan du ringe efter en taxa, tak?
    b) Kan du give mig saltet?
    c) Kan du ringe efter en ambulance, tak?

11. What's the Danish word for "emergency services"?

a) Redningstjeneste
b) Lækker kage
c) Let

12. How do you say "reporting an accident" in Danish?

a) Synge en sang
b) Læse en bog
c) Rapportere en ulykke

13. If you need to contact the fire department, what should you say in Danish?

a) Hvordan kommer jeg til biblioteket?
b) Jeg har brug for at kontakte brandvæsenet.
c) Jeg leder efter min ven.

14. What's the Danish word for "urgent"?

a) Lille
b) Smuk
c) Hurtig
d) Presserende

15. How do you ask for the nearest police station in Danish?

a) Hvor er det nærmeste bageri?
b) Hvor er den nærmeste politistation?
c) Har du et kort?
d) Hvad er klokken?

Correct Answers:

1. b)
2. c)
3. c)
4. c)
5. b)
6. c)
7. b)
8. d)
9. b)
10. c)
11. a)
12. c)
13. b)
14. d)
15. b)

EVERYDAY CONVERSATIONS

- SMALL TALK AND CASUAL CONVERSATIONS -
- DISCUSSING THE WEATHER, HOBBIES, AND INTERESTS -
- MAKING PLANS WITH FRIENDS OR ACQUAINTANCES -

Small Talk

438. How's it going?
Hvordan går det?
(*Vor-dan gore deht?*)

439. Nice weather we're having, isn't it?
Dejligt vejr i dag, ikke sandt?
(*Dai-lee vair ee dai, ik-keh santh?*)

440. Have any exciting plans for the weekend?
Har du nogle spændende planer for weekenden?
(*Har doo noh-leh spen-den-deh pla-ner for vee-ken-den?*)

441. Did you catch that new movie?
Har du set den nye film?
(*Har doo set den nü-eh film?*)

442. How's your day been so far?
Hvordan har din dag været indtil nu?
(*Vor-dan har deen dahg vair-et in-til noo?*)

443. What do you do for work?
Hvad arbejder du med?
(*Vahd ar-bye-der doo mehd?*)

444. Do you come here often?
Kommer du her ofte?
(*Kom-mer doo hair of-teh?*)

445. Have you tried the food at this place before?
Har du prøvet maden her før?
(*Har doo prur-vet mah-den hair fur?*)

146. Any recommendations for things to do in town?
Har du nogle forslag til ting at lave i byen?
(*Har doo noh-leh for-slah til ting at lah-veh ee boo-yen?*)

147. Do you follow any sports teams?
Følger du nogen sportshold?
(*Fuhl-ger doo noh-gen sports-hold?*)

148. Have you traveled anywhere interesting lately?
Har du rejst nogen interessante steder på det seneste?
(*Har doo raist noh-gen in-ter-ess-an-teh steh-der poh deh seh-nes-teh?*)

149. Do you enjoy cooking?
Kan du lide at lave mad?
(*Kan doo lee-deh at lah-veh mahd?*)

> **Travel Story:** In the charming town of Ebeltoft, a local mentioned the tradition of "Lystsejlads," recreational sailing, and how it's an integral part of Danish summer culture.

Casual Conversations

150. What's your favorite type of music?
Hvad er din yndlingsmusik?
(*Vahd air deen ün-lings-moo-seek?*)

> **Fun Fact:** The Danish "kroner" (DKK) is the official currency.

451.   How do you like to spend your free time?
       Hvordan kan du lide at bruge din fritid?
       (Vor-dan kan doo lee-deh at broo-geh deen free-teed?)

452.   Do you have any pets?
       Har du nogle kæledyr?
       (Har doo noh-leh ke-leh-deer?)

453.   Where did you grow up?
       Hvor voksede du op?
       (Vor vo-ksedeh doo op?)

454.   What's your family like?
       Hvordan er din familie?
       (Vor-dan air deen fa-meel-yeh?)

455.   Are you a morning person or a night owl?
       Er du et morgenmenneske eller en natugle?
       (Air doo et mor-gen-men-ne-skeh el-ler en nat-oog-leh?)

456.   Do you prefer coffee or tea?
       Foretrækker du kaffe eller te?
       (For-trek-ker doo kaf-feh el-ler teh?)

457.   Are you into any TV shows right now?
       Følger du nogen tv-serier lige nu?
       (Ful-yer doo no-en tee-vee-ser-ee-er lee-geh noo?)

       Idiomatic Expression: "At tage røven på nogen." -
       Meaning: "To deceive or trick someone."
       (Literal translation: "To take someone's butt.")

458.   What's the last book you read?
       Hvad er den seneste bog, du har læst?
       (*Vahd air den seh-nes-teh bog, doo har lehst?*)

459.   Do you like to travel?
       Kan du lide at rejse?
       (*Kan doo lee-deh at ray-seh?*)

460.   Are you a fan of outdoor activities?
       Kan du lide udendørsaktiviteter?
       (*Kan doo lee-deh oo-den-ders-ak-tee-vee-teh-ter?*)

461.   How do you unwind after a long day?
       Hvordan slapper du af efter en lang dag?
       (*Vor-dan slap-er doo av ef-ter en lang dag?*)

       Fun Fact: Denmark is known for its strong welfare
       system and free healthcare and education.

Discussing the Weather

462.   Can you believe this heat/cold?
       Kan du tro denne varme/kulde?
       (*Kan doo troh den-neh var-meh/kool-deh?*)

463.   I heard it's going to rain all week.
       Jeg har hørt, at det vil regne hele ugen.
       (*Yai har hurt, at deht veel reh-gneh heh-leh oo-gen.*)

464.   What's the temperature like today?
       Hvordan er temperaturen i dag?
       (*Vor-dan air tem-peh-ra-too-ren ee dai?*)

465. Do you like sunny or cloudy days better?
Foretrækker du solrige eller skyede dage?
(*For-træk-ker doo sol-ree-eh el-ler sky-eh-deh dah-eh?*)

466. Have you ever seen a snowstorm like this?
Har du nogensinde set en snevejr som dette?
(*Har doo noh-en-sin-deh set en sne-vair som deh-teh?*)

467. Is it always this humid here?
Er det altid så fugtigt her?
(*Air deht al-teed soh foog-tigt hair?*)

468. Did you get caught in that thunderstorm yesterday?
Blev du fanget i tordenvejret i går?
(*Blehv doo fang-et ee tor-den-vai-ret ee gore?*)

469. What's the weather like in your hometown?
Hvordan er vejret i din hjemby?
(*Vor-dan air vai-ret ee deen yem-by?*)

470. I can't stand the wind; how about you?
Jeg kan ikke tåle vinden; hvad synes du?
(*Yai kan ik-keh toe-leh vin-den; vad se-nes doo?*)

471. Is it true the winters here are mild?
Er det sandt at vintrene her er milde?
(*Air deht sant at vin-tre-neh hair air mil-deh?*)

472. Do you like beach weather?
Kan du lide strandvejr?
(*Kan doo lee-deh stran-vai-er?*)

473. How do you cope with the humidity in summer?
Hvordan klarer du fugtigheden om sommeren?
(*Vor-dan klar-er doo foog-tig-heh-den ohm som-mer-en?*)

> **Idiomatic Expression:** "At have lange løg." -
> Meaning: "To be courageous or fearless."
> (Literal translation: "To have long onions.")

Hobbies

474. What are your hobbies or interests?
Hvad er dine hobbyer eller interesser?
(*Vahd air deen-eh hob-byer el-ler in-ter-es-ser?*)

475. Do you play any musical instruments?
Spiller du på noget musikinstrument?
(*Speel-er doo paw noh-et moo-seek-in-stru-ment?*)

476. Have you ever tried painting or drawing?
Har du nogensinde prøvet at male eller tegne?
(*Har doo noh-en-sin-deh prur-vet at ma-leh el-ler teh-neh?*)

477. Are you a fan of sports?
Er du sportsinteresseret?
(*Air doo sports-in-te-res-seh-ret?*)

478. Do you enjoy cooking or baking?
Kan du lide at lave mad eller bage?
(*Kan doo lee-deh at lah-veh mahd el-ler bah-eh?*)

> **Fun Fact:** Denmark has a strong maritime tradition and
> was once a major naval power.

479. Are you into photography?
Interesserer du dig for fotografi?
(In-teh-re-suh-rar doo dee for foh-toh-grah-fee?)

480. Have you ever tried gardening?
Har du nogensinde prøvet havearbejde?
(Har doo noh-en-sin-deh prur-vet hah-ve-ar-by-deh?)

481. Do you like to read in your free time?
Kan du lide at læse i din fritid?
(Kan doo lee-deh at leh-seh ee deen free-teed?)

482. Have you explored any new hobbies lately?
Har du udforsket nogle nye hobbyer for nylig?
(Har doo ood-for-sket noh-leh ny-eh hob-byer for nee-leeg?)

483. Are you a collector of anything?
Samler du på noget?
(Sam-ler doo paw noh-et?)

484. Do you like to watch movies or TV shows?
Kan du lide at se film eller tv-serier?
(Kan doo lee-deh at se film el-ler tee-vee-seh-ree-er?)

485. Have you ever taken up a craft project?
Har du nogensinde startet et håndværksprojekt?
(Har doo noh-en-sin-deh star-tet et hone-vehrks-pro-yekt?)

> **Idiomatic Expression:** "At slå op i det store leksikon." -
> Meaning: "To be knowledgeable or well-informed."
> (Literal translation: "To look up in the big
> encyclopedia.")

Interests

86. What topics are you passionate about?
   Hvilke emner brænder du for?
   (Vil-keh em-ner bren-der doo for?)

87. Are you involved in any social causes?
   Er du involveret i nogle sociale sager?
   (Air doo in-vol-ve-ret ee noh-leh soh-see-ah-leh sah-er?)

88. Do you enjoy learning new languages?
   Kan du lide at lære nye sprog?
   (Kan doo lee-deh at leh-reh ny-eh sprohg?)

> **Fun Fact:** Danish butter cookies are popular worldwide and often come in distinctive tin packaging.

89. Are you into fitness or wellness?
   Er du interesseret i fitness eller velvære?
   (Air doo in-teh-reh-seh-ret ee fit-ness el-ler vel-vair-eh?)

90. Are you a technology enthusiast?
   Er du teknikinteresseret?
   (Air doo tek-neek-in-teh-reh-seh-ret?)

91. What's your favorite genre of books or movies?
   Hvad er din yndlingsgenre inden for bøger eller film?
   (Vad air deen ün-lings-jen-re in-den for bø-er el-ler film?)

92. Do you follow current events or politics?
   Følger du med i aktuelle begivenheder eller politik?
   (Ful-yer doo mehd ee ak-too-el-leh beh-gi-ven-he-der el-ler poh-lee-teek?)

493. Are you into fashion or design?
Interesserer du dig for mode eller design?
(In-teh-reh-seh-rer doo dee for moh-deh el-ler deh-sign?)

494. Are you a history buff?
Er du interesseret i historie?
(Air doo in-teh-reh-seh-ret ee his-toh-ree-eh?)

495. Have you ever been involved in volunteer work?
Har du nogensinde været engageret i frivilligt arbejde?
(Har doo noh-en-sin-deh vair-et en-gah-ge-ret ee free-vil-leet ar-by-the?)

496. Are you passionate about cooking or food culture?
Brænder du for madlavning eller madkultur?
(Bren-der doo for mahd-lav-ning el-ler mahd-kool-toor?)

497. Are you an advocate for any specific hobbies or interests?
Går du ind for nogle specifikke hobbyer eller interesser?
(Gore doo ind for noh-leh speh-si-fik-keh hob-yeer el-ler in-teh-res-ser?)

> **Idiomatic Expression:** "At tale som en vandrestav." - Meaning: "To speak very slowly or deliberately." (Literal translation: "To speak like a walking stick.")

Making Plans

498. Would you like to grab a coffee sometime?
Kunne du tænke dig at drikke kaffe en dag?
(Koon-neh doo ten-keh dee at drink-keh kaf-feh en dai?)

499. Let's plan a dinner outing this weekend.
Lad os planlægge en middagsudflugt i weekenden.
(*Lad oss plan-leh-geh en mid-dahgs-ood-flookt ee vee-ken-den?*)

500. How about going to a movie on Friday night?
Hvad med at gå i biografen fredag aften?
(*Vahd mehd at goh ee bee-oh-gra-fen freh-dai af-ten?*)

501. Do you want to join us for a hike next weekend?
Vil du være med på en vandretur næste weekend?
(*Vil doo vair-eh mehd poo en vahn-dreh-toor nes-teh vee-ken?*)

502. We should organize a game night soon.
Vi burde arrangere en spilleaften snart.
(*Vee boor-deh ah-ran-ge-reh en speel-leh-af-ten snart.*)

503. Let's catch up over lunch next week.
Lad os mødes over en frokost næste uge.
(*Lad oss mur-des oh-veh en fro-kost nes-teh oo-geh.*)

504. Would you be interested in a shopping trip?
Kunne du være interesseret i en shoppingtur?
(*Koon-neh doo vair-eh in-teh-reh-seh-ret ee en shop-ping-toor?*)

505. I'm thinking of visiting the museum; care to join?
Jeg tænker på at besøge museet; har du lyst til at komme med?
(*Yai ten-ker poo at beh-suh-geh moo-see-et; har doo list til at kom-meh mehd?*)

506. How about a picnic in the park?
Hvad med en picnic i parken?
(*Vad mehd en pee-nik ee par-ken?*)

> **Fun Fact:** The Danish hot dog is a popular street food, often topped with pickles, onions, and remoulade sauce.

507. Let's get together for a study session.
Lad os mødes til en studie session.
(*Lad oss mur-des til en stoo-dee sehs-yoon.*)

508. We should plan a beach day this summer.
Vi burde planlægge en stranddag denne sommer.
(*Vee boor-deh plan-leh-geh en strand-dai deh-neh som-mer.*)

509. Want to come over for a barbecue at my place?
Vil du komme over til en grillfest hos mig?
(*Vil doo kohm-meh oh-ver til en grill-fest hohs meeg?*)

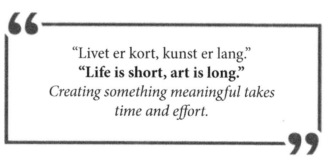

"Livet er kort, kunst er lang."
"Life is short, art is long."
Creating something meaningful takes time and effort.

Interactive Challenge: Everyday Conversations
(Link each English word with their corresponding meaning in Danish)

1) Conversation	Diskussion
2) Greeting	Svar
3) Question	Samtale
4) Answer	Meningsudveksling
5) Salutation	Smalltalk
6) Communication	Afslappet samtale
7) Dialogue	Hilsen
8) Small Talk	Tale
9) Discussion	Kommunikation
10) Speech	Spørgsmål
11) Language	Dialog
12) Exchange of Opinions	Sprog
13) Expression	Idédeling
14) Casual Conversation	Udtryk
15) Sharing Ideas	Hilsen

Correct Answers:

1. Conversation - Samtale
2. Greeting - Hilsen
3. Question - Spørgsmål
4. Answer - Svar
5. Salutation - Hilsen
6. Communication - Kommunikation
7. Dialogue - Dialog
8. Small Talk - Smalltalk
9. Discussion - Diskussion
10. Speech - Tale
11. Language - Sprog
12. Exchange of Opinions - Meningsudveksling
13. Expression - Udtryk
14. Casual Conversation - Afslappet samtale
15. Sharing Ideas - Idédeling

BUSINESS & WORK

- INTRODUCING YOURSELF IN A PROFESSIONAL SETTING -
- DISCUSSING WORK-RELATED TOPICS -
- NEGOTIATING BUSINESS DEALS OR CONTRACTS -

Professional Introductions

510. Hi, I'm [Your Name].
Hej, jeg er [Dit Navn].
(Hay, yai air [Deet Nahv-n].)

511. What do you do for a living?
Hvad arbejder du med?
(Vad ar-byer doo mehd?)

512. What's your role in the company?
Hvad er din rolle i firmaet?
(Vad air deen rol-leh ee fir-ma-et?)

513. Can you tell me about your background?
Kan du fortælle om din baggrund?
(Kan doo for-tel-leh ohm deen bahk-groond?)

514. This is my colleague, [Colleague's Name].
Det her er min kollega, [Kollegas Navn].
(Det hair air meen ko-ley-gah, [Ko-ley-gahs Nahv-n].)

515. May I introduce myself?
Må jeg præsentere mig selv?
(Moe yai preh-sen-teh-reh may selv?)

516. I work in [Your Department].
Jeg arbejder i [Din Afdeling].
(Yai ar-byer ee [Deen Af-deh-ling].)

517. How long have you been with the company?
Hvor længe har du været med i firmaet?
(Vohr len-geh hahr doo vair-et mehd ee fir-ma-et?)

518. Are you familiar with our team?
Kender du vores team?
(*Ken-der doo voh-res team?*)

519. Let me introduce you to our manager.
Lad mig præsentere dig for vores chef.
(*Lad may preh-sen-teh-reh dee for voh-res shef.*)

> **Travel Story:** While exploring the Faroese language, a
> language enthusiast shared the unique Faroese letters
> such as "ð" and "ø," which distinguish the language from
> Danish.

Work Conversations

520. Can we discuss the project?
Kan vi diskutere projektet?
(*Kan vee dis-koo-teh-reh pro-yek-teht?*)

521. Let's go over the details.
Lad os gennemgå detaljerne.
(*Lad ohss gen-nem-goe deh-tal-yer-neh.*)

522. What's the agenda for the meeting?
Hvad er dagsordenen for mødet?
(*Vad air dahg-sor-den-en for møh-deht?*)

523. I'd like your input on this.
Jeg vil gerne have din mening om dette.
(*Yai vil gerneh hahv deen meh-ning ohm deh-teh.*)

524. We need to address this issue.
Vi skal tage os af dette problem.
(*Vee skal tah-geh oss af deh-teh proh-blem.*)

525. How's the project progressing?
Hvordan skrider projektet frem?
(*Vor-dan skree-der pro-yekt-ehet frem?*)

526. Do you have any updates for me?
Har du nogle opdateringer til mig?
(*Hahr doo noh-leh op-dah-tehr-ing-er til may?*)

527. Let's brainstorm some ideas.
Lad os brainstorme nogle ideer.
(*Lahd oss brain-stor-meh noh-leh ee-deer.*)

528. Can we schedule a team meeting?
Kan vi planlægge et teammøde?
(*Kahn vee plan-lay-geh et team-mö-deh?*)

529. I'm open to suggestions.
Jeg er åben for forslag.
(*Yay air o-ben for for-slahg.*)

Business Negotiations

530. We need to negotiate the terms.
Vi skal forhandle om betingelserne.
(*Vee skal for-han-leh ohm beh-ting-el-ser-neh.*)

531. What's your offer?
Hvad er dit tilbud?
(*Vahd air deet til-bood?*)

532. Can we find a middle ground?
Kan vi finde en mellemvej?
(*Kahn vee fin-deh en mel-lem-vay?*)

> **Idiomatic Expression:** "At gå i selvsving." -
> Meaning: "To become overly excited or enthusiastic."
> (Literal translation: "To go into self-swing.")

533. Let's discuss the contract.
Lad os diskutere kontrakten.
(*Lahd oss dis-koo-teh-reh kon-trahk-ten.*)

534. Are you flexible on the price?
Er du fleksibel med prisen?
(*Air doo flek-sih-bel mehd pree-sen?*)

535. I'd like to propose a deal.
Jeg vil gerne foreslå en aftale.
(*Yay vil gair-neh for-eh-sloh en ahf-tah-leh.*)

536. We're interested in your terms.
Vi er interesseret i dine vilkår.
(*Vee air in-ter-ess-eh-ret ee dee-neh veil-kor.*)

537. Can we talk about the agreement?
Kan vi tale om aftalen?
(*Kahn vee tah-leh ohm ahf-tah-len?*)

> **Fun Fact:** Denmark consistently ranks as one of the least
> corrupt countries in the world.

538. Let's work out the details.
Lad os arbejde ud detaljerne.
(*Lahd oss ar-bai-deh ood deh-tal-yer-neh.*)

539. What are your conditions?
Hvad er dine betingelser?
(*Vahd air dee-neh beh-ting-el-ser?*)

540. We should reach a compromise.
Vi bør nå til en kompromis.
(*Vee ber noh til en kom-pro-mees.*)

> **Fun Fact:** The concept of "Janteloven" refers to modesty and not boasting about one's achievements.

Workplace Etiquette

541. Remember to be punctual.
Husk at være punktlig.
(*Hoosk at vair-eh poonkt-leeg.*)

542. Always maintain a professional demeanor.
Bevar altid en professionel opførsel.
(*Beh-var all-teed en pro-feh-syo-nel op-fur-sel.*)

543. Respect your colleagues' personal space.
Respekter dine kollegaers personlige rum.
(*Reh-spek-ter dee-neh koh-leh-gai-ers pehr-sohn-lee-eh room.*)

> **Fun Fact:** Danish design is characterized by minimalism and functionality.

544. Dress appropriately for the office.
Klæd dig passende til kontoret.
(Kleh deeg pas-sen-deh til kohn-toh-ret.)

545. Follow company policies and guidelines.
Følg firmaets politikker og retningslinjer.
(Fuhl fir-mai-ets poh-li-tik-ker ohk ret-nings-lin-yer.)

546. Use respectful language in conversations.
Brug respektfuldt sprog i samtaler.
(Broog reh-spek-fooldt sprohg ee samt-ah-ler.)

547. Keep your workspace organized.
Hold din arbejdsplads organiseret.
(Hohl deen ar-bayds-plahds or-gah-nee-seh-ret.)

548. Be mindful of office noise levels.
Vær opmærksom på støjniveauet på kontoret.
(Vair op-mayr-sohm poo stoi-nee-ow-et poo kohn-toh-ret.)

549. Offer assistance when needed.
Tilbyd hjælp når det er nødvendigt.
(Til-byd yelp nair deht air nur-ven-deegt.)

550. Practice good hygiene at work.
Øv god hygiejne på arbejdspladsen.
(Uv gohd hoo-gee-eh-neh poo ar-bayds-plah-sen.)

551. Avoid office gossip and rumors.
Undgå kontorsladder og rygter.
(Oon-go kon-tors-lah-der ohk roog-ter.)

Job Interviews

552. Tell me about yourself.
Fortæl mig om dig selv.
(For-tail may om day selv.)

553. What are your strengths and weaknesses?
Hvad er dine styrker og svagheder?
(Vahd air dee-neh stur-ker ohk svah-ge-der?)

554. Describe your relevant experience.
Beskriv din relevante erfaring.
(Be-skreev deen reh-leh-van-teh erf-ah-ring.)

555. Why do you want to work here?
Hvorfor vil du arbejde her?
(Vor-for vil doo ar-by-deh hair?)

556. Where do you see yourself in five years?
Hvor ser du dig selv om fem år?
(Vor sehr doo day selv om fem ohr?)

557. How do you handle challenges at work?
Hvordan håndterer du udfordringer på arbejdspladsen?
(Vor-dan hon-ter-er doo ood-for-drin-ger paw ar-byds-plad-sen?)

558. What interests you about this position?
Hvad interesserer dig ved denne stilling?
(Vahd in-ter-es-seh-rer day ved deh-neh stil-ling?)

Idiomatic Expression: "At sidde på hænderne." -
Meaning: "To do nothing or refrain from taking action."
(Literal translation: "To sit on the hands.")

559. Can you provide an example of your teamwork?
Kan du give et eksempel på dit samarbejde?
(*Kan doo gee-veh et eks-em-pel paw deet sah-mar-by-deh?*)

560. What motivates you in your career?
Hvad motiverer dig i din karriere?
(*Vahd mo-tee-veh-rer day ee deen kah-ree-eh-reh?*)

561. Do you have any questions for us?
Har du nogle spørgsmål til os?
(*Har doo noh-leh spur-smoil til oss?*)

562. Thank you for considering me for the role.
Tak fordi du overvejer mig til rollen.
(*Tahk for-dee doo oh-ver-vay-er may til rohlen.*)

Office Communication

563. Send me an email about it.
Send mig en e-mail om det.
(*Send may en e-mail om deht.*)

564. Let's schedule a conference call.
Lad os planlægge en telefonkonference.
(*Lahd oss plan-leg-eh en teh-le-fon-kon-feh-ren-seh.*)

565. Could you clarify your message?
Kan du præcisere din besked?
(*Kan doo pray-se-seh-reh deen be-sked?*)

566.   I'll forward the document to you.
Jeg vil videresende dokumentet til dig.
(Yay vil vee-deh-sen-deh doh-koo-men-teht teel dee.)

567.   Please reply to this message.
Venligst svar på denne besked.
(Ven-leest svahr paw den-neh be-sked.)

568.   We should have a team meeting.
Vi bør have et teammøde.
(Vee bur hahv eh tehm-muh-deh.)

Idiomatic Expression: "At være lige ved og næsten." - Meaning: "To be very close to achieving something." (Literal translation: "To be right by and almost.")

569.   Check your inbox for updates.
Tjek din indbakke for opdateringer.
(Chyek deen in-bah-keh for ohp-da-teh-ring-er.)

570.   I'll copy you on the correspondence.
Jeg vil kopiere dig på korrespondancen.
(Yay vil koh-pee-eh-reh dee paw koh-res-pon-dan-sen.)

571.   I'll send you the meeting agenda.
Jeg vil sende dig mødeagendaen.
(Yay vil sen-deh dee muh-deh-ah-gen-dah-en.)

572.   Use the internal messaging system.
Brug det interne beskedesystemet.
(Broog deht een-tehr-neh beh-skeh-deh-sys-teh-met.)

573.   Keep everyone in the loop.
       Hold alle opdateret.
       (*Hold ah-lleh ohp-da-teh-ret.*)

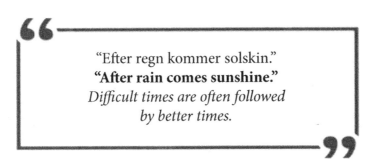

"Efter regn kommer solskin."
"After rain comes sunshine."
*Difficult times are often followed
by better times.*

Cross Word Puzzle: Business & Work

(Provide the Danish translation for the following English words)

Down

1. - PROFESSIONAL
2. - EMPLOYEE
3. - MEETING
4. - INCOME
9. - CONTRACT
10. - PRODUCT
11. - BUSINESS
12. - CLIENT
14. - TEAM

Across

5. - CLIENTELE
6. - MARKETING
7. - BOSS
8. - PROJECT
12. - OFFICE
13. - COMPANY
15. - WORK
16. - SALARY

Correct Answers:

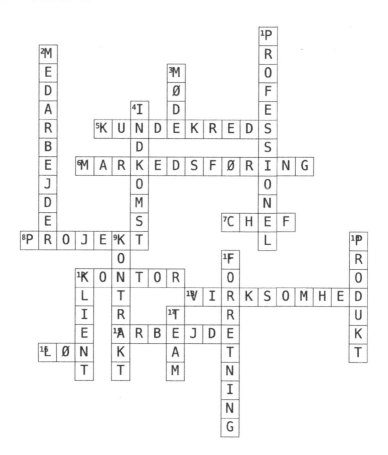

EVENTS & ENTERTAINMENT

- BUYING TICKETS FOR CONCERTS, MOVIES OR EVENTS -
- DISCUSSING ENTERTAINMENT & LEISURE ACTIVITIES -
- EXPRESSING JOY OR DISAPPOINTMENT WITH AN EVENT -

Ticket Purchases

574. I'd like to buy two tickets for the concert.
Jeg vil gerne købe to billetter til koncerten.
(Yay vil gehr-neh kœ-buh toe bil-let-ter til kon-ser-ten.)

575. Can I get tickets for the movie tonight?
Kan jeg få billetter til filmen i aften?
(Kahn yay foh bil-let-ter til fill-men ee ahf-ten?)

576. We need to book tickets for the upcoming event.
Vi skal bestille billetter til det kommende arrangement.
(Vee skal beh-stil-eh bil-let-ter til deht kom-men-deh ah-ran-zjeh-ment.)

577. What's the price of admission?
Hvad er entréprisen?
(Vahd air en-tray-pree-sen?)

578. Do you offer any discounts for students?
Tilbyder I studenterabat?
(Til-by-der ee stew-den-ter-ah-baht?)

579. Are there any available seats for the matinee?
Er der ledige pladser til matinéen?
(Air dare leh-deh-yeh plah-sir til mah-tee-nay-en?)

580. How can I purchase tickets online?
Hvordan kan jeg købe billetter online?
(Vor-dan kahn yay kœ-buh bil-let-ter on-line?)

581. Is there a box office nearby?
      Er der en billetkontor i nærheden?
      (*Air dare en bil-let-kon-tohr ee near-hay-den?*)

582. Are tickets refundable if I can't attend?
      Kan billetter refunderes, hvis jeg ikke kan deltage?
      (*Kahn bil-let-ter reh-foon-deh-res, veece yay eek-keh kahn del-tah-ye?*)

583. Can I choose my seats for the show?
      Kan jeg vælge mine pladser til forestillingen?
      (*Kahn yay vail-yeh mee-neh plah-ser til fo-reh-stil-ling-en?*)

584. Can I reserve tickets for the theater?
      Kan jeg reservere billetter til teatret?
      (*Kahn yay reh-sehr-veh-reh bil-let-ter til tea-tret?*)

585. How early should I buy event tickets?
      Hvor tidligt skal jeg købe billetter til arrangementet?
      (*Vor tee-lee-yt skal yay kœ-buh bil-let-ter til ah-ran-zjeh-ment-et?*)

586. Are there any VIP packages available?
      Er der nogle VIP-pakker tilgængelige?
      (*Air dare noh-leh V.I.P.-pak-ker til-geng-lee-yeh?*)

587. What's the seating arrangement like?
      Hvordan er siddepladsopstillingen?
      (*Vor-dan air sid-eh-plahds-op-stil-ling-en?*)

> **Idiomatic Expression:** "At gå til den grønne gren." -
> Meaning: "To start a new life or make a fresh start."
> (Literal translation: "To go to the green branch.")

588. Is there a family discount for the movie?
Er der familierabat på filmen?
(*Air dare fam-ee-lee-rabat poh fill-men?*)

589. I'd like to purchase tickets for my friends.
Jeg vil gerne købe billetter til mine venner.
(*Yay vil gehr-neh kœ-buh bil-let-ter til mee-neh ven-ner.*)

> **Fun Fact:** Easter in Denmark often involves painting and decorating eggs.

590. Do they accept credit cards for tickets?
Accepteres kreditkort for billetter?
(*Ak-sep-teh-res kreh-deet-kort for bil-let-ter?*)

591. Are there any age restrictions for entry?
Er der nogen aldersbegrænsninger for indgang?
(*Air dare noh-en al-ders-beg-ræn-snin-ger for in-gong?*)

592. Can I exchange my ticket for a different date?
Kan jeg ombytte min billet til en anden dato?
(*Kahn yay ohm-büt-teh min bil-let til en an-den dah-to?*)

Leisure Activities

593. What do you feel like doing this weekend?
Hvad har du lyst til at lave i weekenden?
(*Vad hahr dew lust til at lah-veh ee vee-ken-den?*)

94. Let's discuss our entertainment options.
Lad os diskutere vores underholdningsmuligheder.
(*Lahd oss dis-koo-teh-reh voh-res oon-der-hol-nings-moo-lee-hay-der.*)

> **Fun Fact:** The Copenhagen Metro is one of the most efficient and modern transit systems in the world.

95. I'm planning a leisurely hike on Saturday.
Jeg planlægger en afslappende vandretur på lørdag.
(*Yay plan-leh-er en af-slappen-deh vahn-dreh-toor poh lœr-dahg.*)

96. Do you enjoy outdoor activities like hiking?
Kan du lide friluftsaktiviteter som vandring?
(*Kahn dew lee-deh free-loofts-ak-tiv-i-teh-ter som vahn-drin?*)

97. Have you ever tried indoor rock climbing?
Har du nogensinde prøvet indendørs klatring?
(*Hahr dew noh-ens-in-deh prœ-vet in-den-dœrs klæt-ring?*)

98. I'd like to explore some new hobbies.
Jeg vil gerne udforske nogle nye hobbyer.
(*Yay vil gehr-neh ood-for-skeh noh-leh ny-eh hob-yeer.*)

99. What are your favorite pastimes?
Hvad er dine yndlingsbeskæftigelser?
(*Vad air dee-neh ün-lings-beh-shef-ti-gel-ser?*)

> **Cultural Insight:** Denmark has a rich maritime heritage, and the sea has played a crucial role in Danish culture and history. Fishing, sailing, and maritime traditions are deeply ingrained.

600. Are there any interesting events in town?
Er der nogle interessante begivenheder i byen?
(*Air dare noh-leh in-te-res-an-teh beh-gee-ven-heh-der ee by-en?*)

601. Let's check out the local art exhibition.
Lad os tjekke den lokale kunstudstilling ud.
(*Lahd oss chæk-keh dehn loh-kah-leh koonst-ood-stil-ling ood.*)

602. How about attending a cooking class?
Hvad siger du til at deltage i et madlavningskursus?
(*Vahd see-er dew til at del-tah-geh ee et mahd-lahv-nings-koo-soos?*)

603. Let's explore some new recreational activities.
Lad os udforske nogle nye fritidsaktiviteter.
(*Lahd oss ood-for-skeh noh-leh ny-eh free-teeds-ak-ti-veh-teh-ter.*)

604. What's your go-to leisure pursuit?
Hvad er din foretrukne fritidsaktivitet?
(*Vahd air deen for-eh-troo-kneh free-teeds-ak-ti-veh-teet?*)

605. I'm considering trying a new hobby.
Jeg overvejer at prøve en ny hobby.
(*Yay oh-vehr-veh-yer at pruh-veh en ny hob-bee.*)

606. Have you ever attended a painting workshop?
Har du nogensinde deltaget i et malerkursus?
(*Hahr dew noh-ens-in-deh del-tah-get ee et mah-ler-koo-soos?*)

> **Fun Fact:** The Little Mermaid statue in Copenhagen is based on Hans Christian Andersen's story and is a popular tourist attraction.

607. What's your favorite way to unwind?
Hvad er din yndlingsmåde at slappe af på?
(*Vahd air deen ün-lings-mo-deh at slap-peh ahf poo?*)

608. I'm interested in joining a local club.
Jeg er interesseret i at melde mig ind i en lokal klub.
(*Yay air in-te-reh-seh-ret ee at mehl-deh may ind ee en loh-kahl kloob.*)

609. Let's plan a day filled with leisure.
Lad os planlægge en dag fyldt med afslapning.
(*Lahd oss plan-leh-ggeh en dahg fult mehd af-slap-ning.*)

610. Have you ever been to a live comedy show?
Har du nogensinde været til et live comedyshow?
(*Hahr dew noh-ens-in-deh veh-ret til et lee-veh kom-eh-dee-show?*)

611. I'd like to attend a cooking demonstration.
Jeg vil gerne deltage i en madlavningsdemonstration.
(*Yay vil gehr-neh del-tah-geh ee en mahd-lahv-nings-deh-mon-stra-tsee-ohn.*)

Fun Fact: Denmark was occupied by Germany during World War II but managed to save most of its Jewish population.

Event Reactions

612. That concert was amazing! I loved it!
Den koncert var fantastisk! Jeg elskede den!
(*Dehn kon-sert vahr fan-tas-tisk! Yay els-kah-deh dehn!*)

139

613. I had such a great time at the movie.
Jeg havde det så sjovt i biografen.
(*Yay hav-deh deh soh showt ee bee-oh-grah-fen.*)

614. The event exceeded my expectations.
Begivenheden overgik mine forventninger.
(*Beh-gi-ven-hay-den oh-ver-geek mee-neh for-vent-nee-er.*)

615. I was thrilled by the performance.
Jeg var begejstret for optrædenen.
(*Yay var beh-gys-tret for op-tray-den-en.*)

616. It was an unforgettable experience.
Det var en uforglemmelig oplevelse.
(*Deh var en oo-for-glem-meh-lig oh-plev-elseh.*)

617. I can't stop thinking about that show.
Jeg kan ikke stoppe med at tænke på det show.
(*Yay kan ik-eh stop-peh mehd at ten-keh paw deh show.*)

618. Unfortunately, the event was a letdown.
Desværre var begivenheden en skuffelse.
(*Des-vair-reh var beh-gi-ven-hay-den en skoof-elseh.*)

619. I was disappointed with the movie.
Jeg var skuffet over filmen.
(*Yay var skoof-et oh-ver feel-men.*)

620. The concert didn't meet my expectations.
Koncerten levede ikke op til mine forventninger.
(*Kon-sair-ten leh-veh-eh ik-eh op til mee-neh for-vent-nee-er.*)

621. I expected more from the exhibition.
Jeg forventede mere fra udstillingen.
(*Yay for-ven-teh-deh meh-reh frah oods-til-ling-en.*)

622. The event left me speechless; it was superb!
Begivenheden gjorde mig målløs; den var superb!
(*Beh-gi-ven-hay-den yor-deh meeg mohl-los; den var soo-perb!*)

623. I was absolutely thrilled with the performance.
Jeg var helt henrykt over optrædenen.
(*Yay var helt hen-rikt oh-ver op-tray-den-en.*)

> **Idiomatic Expression:** "At tage fusen på nogen." -
> Meaning: "To deceive or outsmart someone."
> (Literally: "To take the fuse on someone.")

624. The movie was a pleasant surprise.
Filmen var en behagelig overraskelse.
(*Feel-men var en beh-ha-guh-lee oh-ver-ras-kelseh.*)

625. I had such a blast at the exhibition.
Jeg havde det så sjovt på udstillingen.
(*Yay hav-deh deh soh showt paw oods-til-ling-en.*)

626. The concert was nothing short of fantastic.
Koncerten var intet mindre end fantastisk.
(*Kon-sair-ten var in-tet min-dre end fan-tas-tisk.*)

627. I'm still on cloud nine after the event.
Jeg er stadig på skyerne efter begivenheden.
(*Yay air stah-dee paw skyear-ne ehf-ter beh-gi-ven-hay-den.*)

628. I was quite underwhelmed by the show.
Forestillingen var temmelig skuffende.
(Fo-re-stil-ling-en var tem-mel-ig skuf-fen-de.)

629. I expected more from the movie.
Jeg forventede mere fra filmen.
(Yay for-ven-teh-deh meh-reh frah feel-men.)

630. Unfortunately, the exhibition didn't impress me.
Desværre imponerede udstillingen mig ikke.
(Des-vair-re im-po-neh-reh eh oods-til-ling-en meeg ik-keh.)

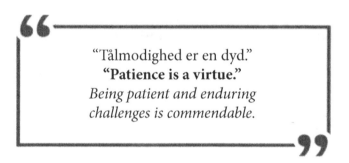

"Tålmodighed er en dyd."
"Patience is a virtue."
Being patient and enduring challenges is commendable.

Mini Lesson:
Basic Grammar Principles in Danish #2

Introduction:

Welcome to the second installment of our Danish grammar series. Building on the foundations set in the first lesson, this part delves deeper into the intricacies of Danish grammar. As you continue your journey into the Danish language, understanding these aspects will enhance your ability to communicate more effectively and understand the nuances of this North Germanic language.

1. Sentence Structure:

Like English, Danish typically follows a Subject-Verb-Object (SVO) sentence structure. However, the placement of adverbs and other sentence elements can vary:

- *Jeg spiser morgenmad. (I eat breakfast.)*
- *Spiser du morgenmad? (Do you eat breakfast?)*
- *I morgen spiser jeg tidligt morgenmad. (Tomorrow I eat breakfast early.)*

2. Verb Tenses:

Danish verbs are used in several tenses to indicate time, including present, past, and future. The perfect and pluperfect tenses are formed with the auxiliary verbs "har" (have) and "havde" (had):

- *Jeg har spist. (I have eaten.)*
- *Jeg havde spist. (I had eaten.)*

3. Passive Voice:

The passive voice in Danish is formed by adding the suffix "-s" or using the auxiliary verb "blive":

- *Bogen læses af studenten. (The book is read by the student.)*
- *Huset blev bygget i 1800-tallet. (The house was built in the 19th century.)*

4. Subordinate Clauses:

In subordinate clauses, the verb typically moves to the end of the clause:

- *Jeg tror, at han bor i København. (I believe that he lives in Copenhagen.)*
- *Hun sagde, at hun ville komme. (She said that she would come.)*

5. Infinitive Forms:

Danish verbs in the infinitive form are often used with "at," similar to the English "to":

- *Jeg elsker at svømme. (I love to swim.)*
- *Hun behøver at sove. (She needs to sleep.)*

6. Adjectives:

Danish adjectives agree with the noun in gender and number. They also have different forms for definite and indefinite usage:

- *En stor bil (a big car) - Indefinite*
- *Den store bil (the big car) - Definite*

7. Pronouns and Reflexive Verbs:

Pronouns in Danish agree in gender and number with their antecedent. Reflexive verbs use "sig" for third-person singular and plural:

- *Han vasker sig. (He washes himself.)*
- *De forbereder sig til festen. (They are preparing themselves for the party.)*

Conclusion:

Understanding these aspects of Danish grammar will enable you to create more complex sentences and grasp the subtleties of spoken and written Danish. Regular practice and exposure to the language will aid in solidifying these concepts. Held og lykke! (Good luck!)

HEALTHCARE & MEDICAL NEEDS

- EXPLAINING SYMPTOMS TO A DOCTOR -
- REQUESTING MEDICAL ASSISTANCE -
- DISCUSSING MEDICATIONS AND TREATMENT -

Explaining Symptoms

631. I have a persistent headache.
Jeg har en vedvarende hovedpine.
(Yay har en vehd-vah-ren-deh hoh-veh-peen-eh.)

632. My throat has been sore for a week.
Min hals har været ondt i en uge.
(Meen hals har vairt ont ee en ooh-geh.)

633. I've been experiencing stomach pain and nausea.
Jeg har haft mavesmerter og kvalme.
(Yay har haft mah-veh-smehr-ter ohg kvahl-meh.)

634. I have a high fever and chills.
Jeg har høj feber og kulderystelser.
(Yay har hoy feh-ber ohg kool-der-ys-tehl-ser.)

635. My back has been hurting for a few days.
Min ryg har gjort ondt i nogle dage.
(Meen ruug har yort ont ee nohl-eh dah-geh.)

636. I'm coughing up yellow mucus.
Jeg hoster op gult slim.
(Yay hohs-ter op goolt sleem.)

637. I have a rash on my arm.
Jeg har et udslæt på min arm.
(Yay har et oot-sleh-t poo meen arm.)

638. I feel dizzy and lightheaded.
Jeg føler mig svimmel og let i hovedet.
(Yay fø-ler may sveh-mel ohg let ee hoh-veh-det.)

39. I've been having trouble breathing.
Jeg har haft svært ved at trække vejret.
(*Yay har haft svairt vehd at træk-keh vye-ret.*)

> **Travel Story:** On the island of Bornholm, a resident explained the culinary specialty of "Sol over Gudhjem," a dish featuring smoked herring, egg yolk, and rye bread, served with a sunny-side-up egg.

40. My joints are swollen and painful.
Mine led er hævede og smertefulde.
(*Mee-neh leh er hæ-veh-deh ohg smehr-te-fool-deh.*)

41. I've had diarrhea for two days.
Jeg har haft diarré i to dage.
(*Yay har haft dee-ar-reh ee toh dah-geh.*)

42. My eyes are red and itchy.
Mine øjne er røde og kløende.
(*Mee-neh øi-neh er rue-deh ohg klø-en-deh.*)

43. I've been vomiting since last night.
Jeg har kastet op siden i går aftes.
(*Yay har kas-tet op see-den ee gohr af-tes.*)

44. I have a painful, persistent toothache.
Jeg har en smertefuld, vedvarende tandpine.
(*Yay har en smehr-te-foold, vehd-vah-ren-deh tand-peen-eh.*)

45. I'm experiencing fatigue and weakness.
Jeg oplever træthed og svaghed.
(*Yay oh-pleh-ver træh-thed ohg svah-hed.*)

646. I've noticed blood in my urine.
Jeg har bemærket blod i min urin.
(Yay har beh-mair-ket blohd ee meen oo-reen.)

647. My nose is congested, and I can't smell anything.
Min næse er stoppet, og jeg kan ikke lugte noget.
(Meen nai-seh air stoh-peht, oh yigh kan eek-eh loog-teh noh-geht.)

648. I have a cut that's not healing properly.
Jeg har et sår, der ikke heler ordentligt.
(Yay har et sohr, dare eek-eh heh-lehr or-den-tleeh.)

649. My ears have been hurting, and I can't hear well.
Mine ører gør ondt, og jeg hører dårligt.
(Mee-neh øh-rehr gør ohnt, oh yigh hør-er dow-lee.)

650. I think I might have a urinary tract infection.
Jeg tror, jeg kan have en urinvejsinfektion.
(Yay trohr, yay kan hah-veh en oo-reen-vays-in-fek-tee-ohn.)

651. I've had trouble sleeping due to anxiety.
Jeg har haft problemer med at sove på grund af angst.
(Yay har haft proh-blem-er mehd aht soh-veh paw groon ahf ahngst.)

Requesting Medical Assistance

652. I need to see a doctor urgently.
Jeg skal se en læge hurtigt.
(Yay skal seh en lay-eh hoor-teegt.)

653. Can you call an ambulance, please?
Kan du ringe til en ambulance, tak?
(*Kahn doo reen-geh teel en ahm-boo-lahn-seh, tahk?*)

654. I require immediate medical attention.
Jeg har brug for øjeblikkelig lægehjælp.
(*Yay har broo for oy-blik-lee lay-eh-yælp.*)

655. Is there an available appointment today?
Er der en ledig tid i dag?
(*Air dare en lay-deeh teed ee dahg?*)

656. Please help me find a nearby clinic.
Hjælp mig venligst med at finde en nærliggende klinik.
(*Yælp may ven-leest mehd aht feen-deh en nair-lee-gan-deh klee-neek.*)

657. I think I'm having a medical emergency.
Jeg tror, jeg har en medicinsk nødsituation.
(*Yay trohr, yay har en meh-dee-sinsk nød-see-too-ah-shohn.*)

658. Can you recommend a specialist?
Kan du anbefale en specialist?
(*Kahn doo an-beh-fah-leh en speh-shee-a-leest?*)

> **Idiomatic Expression:** "At sætte alle sejl til." -
> Meaning: "To put in maximum effort."
> Literal translation: "To set all sails to."

659. I'm in severe pain; can I see a doctor now?
Jeg lider af stærk smerte; kan jeg se en læge nu?
(*Yay lee-der ahf sterk smair-teh; kahn yay seh en lay-eh noo?*)

660. Is there a 24-hour pharmacy in the area?
Er der et apotek, der er åbent hele døgnet, i området?
(Air dare et ah-po-tek, dare air oh-bent heh-leh duh-gnet, ee ohm-roh-det?)

661. I need a prescription refill.
Jeg har brug for en receptfornyelse.
(Yay har broo for en reh-sept-fohr-nyel-seh.)

662. Can you guide me to the nearest hospital?
Kan du vise mig vej til det nærmeste hospital?
(Kahn doo vee-seh may vigh til det nair-mesteh hos-pi-tal?)

Fun Fact: Denmark has a strong tradition of environmental conservation and sustainability.

663. I've cut myself and need medical assistance.
Jeg har skåret mig og har brug for medicinsk hjælp.
(Yay har skoh-ret may oh har broo for meh-dee-sinsk yelp.)

664. My child has a high fever; what should I do?
Mit barn har høj feber; hvad skal jeg gøre?
(Mit barn har hoy feh-ber; vad skal yay guh-reh?)

665. Is there a walk-in clinic nearby?
Er der en skadestue i nærheden?
(Air dare en skah-des-too-eh ee nair-heh-den?)

666. I need medical advice about my condition.
Jeg har brug for medicinsk rådgivning om min tilstand.
(Yay har broo for meh-dee-sinsk rohd-gee-ving ohm meen til-stond.)

667. My medication has run out; I need a refill.
Mine mediciner er brugt op; jeg har brug for en genopfyldning.
(*Mee-neh meh-dee-see-ner air broogt op; yay har broo for en yehn-op-fyld-ning.*)

668. Can you direct me to an eye doctor?
Kan du henvise mig til en øjenlæge?
(*Kahn doo hen-vee-seh may til en ø-yen-lay-geh?*)

669. I've been bitten by a dog; I'm concerned.
Jeg er blevet bidt af en hund; jeg er bekymret.
(*Yay air bleh-vet beedt ahf en hoon; yay air be-kee-mret.*)

670. Is there a dentist available for an emergency?
Er der en tandlæge tilgængelig for akut hjælp?
(*Air dare en tand-lay-geh til-geng-eh-leeg for ah-koot yelp?*)

671. I think I might have food poisoning.
Jeg tror, jeg kan have madforgiftning.
(*Yay trohr, yay kan hah-veh mad-for-gift-ning.*)

672. Can you help me find a pediatrician for my child?
Kan du hjælpe mig med at finde en børnelæge til mit barn?
(*Kahn doo yelp-eh may mehd aht feen-deh en bur-neh-lay-geh til meet barn?*)

Idiomatic Expression: "At slå på tråden." - Meaning: "To make a phone call."
(Literal translation: "To hit the line.")

Discussing Medications and Treatments

673.   What is this medication for?
Hvad bruges denne medicin til?
(Vahd broo-ges deh-neh meh-dee-seen teel?)

674.   How often should I take this pill?
Hvor ofte skal jeg tage denne pille?
(Vor of-teh skal yay tah-geh deh-neh pil-leh?)

675.   Are there any potential side effects?
Er der nogen potentielle bivirkninger?
(Air dare noh-en po-ten-see-elle bee-virk-ninger?)

676.   Can I take this medicine with food?
Kan jeg tage denne medicin med mad?
(Kahn yay tah-geh deh-neh meh-dee-seen mehd mad?)

677.   Should I avoid alcohol while on this medication?
Skal jeg undgå alkohol, mens jeg tager denne medicin?
(Skal yay oon-goh al-ko-hol, mens yay tah-ger deh-neh meh-dee-seen?)

678.   Is it safe to drive while taking this?
Er det sikkert at køre bil, mens jeg tager dette?
(Air deht sik-kert at kuh-reh beel, mens yay tah-ger deh-teh?)

679.   How long do I need to continue this treatment?
Hvor længe skal jeg fortsætte denne behandling?
(Vor leng-eh skal yay for-set-teh deh-neh beh-and-ling?)

80. Can you explain the dosage instructions?
Kan du forklare doseringsanvisningerne?
(*Kahn doo for-klah-reh doh-seh-rings-an-vis-ning-er-neh?*)

81. What should I do if I miss a dose?
Hvad skal jeg gøre, hvis jeg misser en dosis?
(*Vahd skal yay gur-eh, vees yay mees-ser ehn doh-sees?*)

82. Are there any dietary restrictions?
Er der nogen diætbegrænsninger?
(*Air dare noh-en dee-at-beh-græns-ninger?*)

> **Fun Fact:** The Danes love their coffee and are among the world's top consumers per capita.

83. Can I get a generic version of this medication?
Kan jeg få en generisk udgave af denne medicin?
(*Kahn yay foh ehn jeh-neh-risk ood-gah-veh af deh-neh meh-dee-seen?*)

84. Is there a non-prescription alternative?
Findes der et håndkøbsalternativ?
(*Fin-des dare et hond-kohps-al-ter-na-teev?*)

85. How should I store this medication?
Hvordan skal jeg opbevare denne medicin?
(*Vor-dan skal yay op-beh-vah-reh deh-neh meh-dee-seen?*)

86. Can you show me how to use this inhaler?
Kan du vise mig, hvordan man bruger denne inhalator?
(*Kahn doo vee-seh may, vor-dan mahn broo-ger deh-neh in-hah-lah-tor?*)

687. What's the expiry date of this medicine?
Hvad er udløbsdatoen for denne medicin?
(*Vahd air ood-løbs-dah-to-en for deh-neh meh-dee-sin?*)

> **Fun Fact:** Denmark has a number of national parks, including Wadden Sea National Park and Thy National Park.

688. Do I need to finish the entire course of antibiotics?
Skal jeg gennemføre hele antibiotikakurset?
(*Skal yay gen-em-før-eh heh-leh an-tee-by-o-tik-ah-koo-set?*)

689. Can I cut these pills in half?
Kan jeg dele disse piller over?
(*Kahn yay deh-leh dees-seh pil-ler oh-ver?*)

690. Is there an over-the-counter pain reliever you recommend?
Er der noget håndkøbs smertestillende, du anbefaler?
(*Air dare noh-get hond-købs smert-eh-stil-len-deh, doo an-beh-fah-ler?*)

691. Can I take this medication while pregnant?
Kan jeg tage denne medicin under graviditeten?
(*Kahn yay tah-ge deh-neh meh-dee-sin oon-der grah-vee-dee-teh-ten?*)

692. What should I do if I experience an allergic reaction?
Hvad skal jeg gøre, hvis jeg får en allergisk reaktion?
(*Vahd skal yay gør-eh, vees yay for en ah-ler-gisk re-ak-tion?*)

> **Fun Fact:** The Danish language has several dialects, with Jutlandic being one of the most distinct.

693. Can you provide more information about this treatment plan?
Kan du give mere information om denne behandlingsplan?
(*Kahn doo gee-veh meh-reh in-for-ma-tion ohm deh-neh beh-hand-lings-plan?*)

> "Det er altid mørkest før daggry."
> **"It is always darkest just before the dawn."**
> *Things can improve even when they seem at their worst.*

Word Search Puzzle: Healthcare

HOSPITAL
HOSPITAL
DOCTOR
LÆGE
MEDICINE
MEDICIN
PRESCRIPTION
RECEPT
APPOINTMENT
TIDSBESTILLING
SURGERY
KIRURGI
VACCINE
VACCINE
PHARMACY
APOTEK
ILLNESS
SYGDOM
TREATMENT
BEHANDLING
DIAGNOSIS
DIAGNOSE
RECOVERY
GENOPRETNING
SYMPTOM
SYMPTOM
IMMUNIZATION
IMMUNISERING

```
G R T P C M K P D Y X B N V A
N P M N H N U I P H Y H N G P
I C E W E A D I A G N O S E P
L R Y G Y M R R Q K X N O N O
D R S A Æ N T M O D G Y S O I
N R V P V L R A A I F S N P N
A Y N O M H F E E C R Z O R T
H E H T F A W G C R Y T I E M
E N I E N Q N H G E T F T T E
B I Z K R I A O W E P S A N N
E C Z D C X U S R X Y T Z I T
O I M I K I I P D M J D I N E
U D D I K Q P I P M D V N G Q
D E X W H W Z T Y U X I U I P
M M D J D L O A M X F Z M O T
I B S Z R M P L U X U H M W M
G N I L L I T S E B S D I T E
R Y M P R E S C R I P T I O N
U T R O E N I E M O T P M Y S
R M A E U S N R O T C O D R T
I J V D G I T I A K Z P E A F
K U H R C R L G Q S K B M Z N
E R K C E L U H I N B M D X S
Q A A U N C O S V A C C I N E
Y V A E V S O V N X X F K F L
E G S T P N L V G Z C I Y R N
G S P I G E E C E O B S B B T
M U T A J E B I S R Y O T V J
X A I C G F O X F S Y J Z A G
L D I M M U N I S E R I N G W
```

158

Correct Answers:

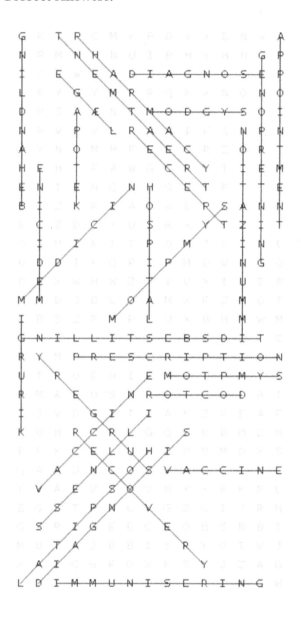

FAMILY & RELATIONSHIPS

-TALKING ABOUT FAMILY MEMBERS & RELATIONSHIPS -
- DISCUSSING PERSONAL LIFE & EXPERIENCES -
- EXPRESSING EMOTIONS & SENTIMENTS -

Family Members and Relationships

694. He's my younger brother.
Han er min yngre bror.
(Han air min ung-reh bror.)

695. She's my cousin from my mother's side.
Hun er min kusine fra min mors side.
(Hoon air min koo-see-neh frah min mors see-deh.)

696. My grandparents have been married for 50 years.
Mine bedsteforældre har været gift i 50 år.
(Mee-neh beh-steh-for-ell-dreh har vair-et gift ee fem-tee ohr.)

697. We're like sisters from another mister.
Vi er som søstre med en anden far.
(Vee air som sœ-streh mehd en an-den far.)

698. He's my husband's best friend.
Han er min mands bedste ven.
(Han air min manz bed-steh ven.)

699. She's my niece on my father's side.
Hun er min fætters datter fra min fars side.
(Hoon air min fay-ters dat-ter frah min fars see-deh.)

700. They are my in-laws.
De er mine svigerforældre.
(Deh air mee-neh svi-ger-for-ell-dreh.)

Fun Fact: The Royal Danish Ballet, founded in 1748, is one of the oldest ballet companies in the world.

701. Our family is quite close-knit.
Vores familie er meget tætknyttet.
(*Voh-res fam-ee-lee air myeck-et tet-knyt-et.*)

702. He's my adopted son.
Han er min adopterede søn.
(*Han air min ad-op-teh-reh-deh søn.*)

703. She's my half-sister.
Hun er min halvsøster.
(*Hoon air min hahlv-sœs-ter.*)

> **Travel Story:** During a scenic train ride through Jutland, a fellow passenger talked about the history of the "Kongeåen," or King's River, which historically marked the border between Denmark and Germany.

704. My parents are divorced.
Mine forældre er skilt.
(*Mee-neh for-ell-dreh air skilt.*)

705. He's my fiancé.
Han er min forlovede.
(*Han air min for-lo-veh-deh.*)

706. She's my daughter-in-law.
Hun er min svigerdatter.
(*Hoon air min svi-ger-dat-ter.*)

> **Idiomatic Expression:** "At slå hovedet på sømmet." - Meaning: "To be absolutely correct or precise." (Literal translation: "To hit the nail on the head.")

707. We're childhood friends.
Vi er barndomsvenner.
(*Vee air barn-doms-ven-ner.*)

708. My twin brother and I are very close.
Min tvillingbror og jeg er meget tætte.
(*Min twin-ling-broor oh yay air my-et tet-te.*)

709. He's my godfather.
Han er min gudfar.
(*Han air min good-far.*)

> **Fun Fact:** Denmark is a founding member of NATO and the United Nations.

710. She's my stepsister.
Hun er min stedsøster.
(*Hoon air min steh-suh-ster.*)

711. My aunt is a world traveler.
Min moster er en verdensrejsende.
(*Min mos-ter air en ver-dens-ray-sen-deh.*)

712. We're distant relatives.
Vi er fjerne slægtninge.
(*Vee air fern-eh slehg-ting-eh.*)

713. He's my brother-in-law.
Han er min svoger.
(*Han air min svoh-ger.*)

714. She's my ex-girlfriend.
Hun er min ekskæreste.
(*Hoon air min eks-kay-rest-eh.*)

Personal Life and Experiences

715. I've traveled to over 20 countries.
Jeg har rejst til over 20 lande.
(Yay har rayst til oh-ver tven-tee lan-de.)

716. She's an avid hiker and backpacker.
Hun er en ivrig vandrer og rygsækrejsende.
(Hoon air en eev-rig van-drehr ohk rugs-saek-ray-sen-deh.)

717. I enjoy cooking and trying new recipes.
Jeg kan godt lide at lave mad og prøve nye opskrifter.
(Yay can got lee-deh at lah-veh mad ohk proo-veh nee-eh op-skrif-ter.)

718. He's a professional photographer.
Han er en professionel fotograf.
(Han air en pro-fes-syo-nel fo-to-graf.)

719. I'm passionate about environmental conservation.
Jeg er passioneret for miljøbeskyttelse.
(Yay air pas-syo-neh-ret fur mil-yuh-bes-kyt-el-seh.)

720. She's a proud dog owner.
Hun er en stolt hundejer.
(Hoon air en stolt hoon-de-yair.)

721. I love attending live music concerts.
Jeg elsker at deltage i livekoncerter.
(Yay els-ker at del-tah-geh ee lee-veh-kon-ser-ter.)

722. He's an entrepreneur running his own business.
Han er en iværksætter, der driver sin egen virksomhed.
(*Han air en ee-var-saet-ter, der dri-ver seen ay-en veer-som-hed.*)

723. I've completed a marathon.
Jeg har gennemført et maraton.
(*Yay har gen-nem-furt et ma-ra-ton.*)

724. She's a dedicated volunteer at a local shelter.
Hun er en dedikeret frivillig på et lokalt herberg.
(*Hoon air en de-di-ker-et fri-vil-leeg poh et lo-kalt her-berg.*)

725. I'm a history buff.
Jeg er historieentusiast.
(*Yay air his-to-ri-een-tu-si-ast.*)

726. He's a bookworm and a literature lover.
Han er en bogorm og en litteraturelsker.
(*Han air en baw-orm oh en lit-te-ra-tur-els-ker.*)

727. I've recently taken up painting.
Jeg har for nylig begyndt at male.
(*Yay har for nil-ee by-gint at mah-le.*)

728. She's a film enthusiast.
Hun er filmelsker.
(*Hoon air film-el-sker.*)

729. I enjoy gardening in my free time.
Jeg kan lide at havearbejde i min fritid.
(*Yay kan lee-de at hah-ve-ar-by-yde i min fri-tid.*)

30. He's an astronomy enthusiast.
Han er astronomielsker.
(*Han air as-tro-no-mi-el-sker.*)

31. I've skydived twice.
Jeg har faldskærmsudsprunget to gange.
(*Yay har fal-skaerms-ood-sprun-get toh gan-ge.*)

32. She's a fitness trainer.
Hun er en fitnessinstruktør.
(*Hoon air en fit-ness-in-struk-tur.*)

33. I love collecting vintage records.
Jeg elsker at samle gamle plader.
(*Yay els-ker at sam-leh gam-leh pla-der.*)

34. He's an experienced scuba diver.
Han er en erfaren dykker.
(*Han air en air-fa-ren dyk-er.*)

35. I'm a proud parent of three children.
Jeg er en stolt forælder til tre børn.
(*Yay air en stolt for-ael-der til treh bairn.*)

> **Fun Fact:** Denmark has a rich tradition of folk music and dance.

Expressing Emotions and Sentiments

36. I feel overjoyed on my birthday.
Jeg føler stor glæde på min fødselsdag.
(*Yay fur-ler stor glae-deh poh min fur-sels-dah.*)

737. She's going through a tough time right now.
Hun går igennem en svær tid lige nu.
(*Hoon gohr ee-gen-nem en svair teed lee-ge noo.*)

738. I'm thrilled about my upcoming vacation.
Jeg er meget begejstret for min kommende ferie.
(*Yay air my-et be-geist-ret for min kom-men-de feh-rie.*)

739. He's heartbroken after the breakup.
Han er knust efter bruddet.
(*Han air knoost ef-ter broo-det.*)

> **Idiomatic Expression:** "At tage tæppet væk under nogen." - Meaning: "To surprise or catch someone off guard." (Literal translation: "To take the rug away from someone.")

740. I'm absolutely ecstatic about the news.
Jeg er helt ekstatisk over nyheden.
(*Yay air helt ek-sta-tisk oh-ver ny-he-den.*)

741. She's feeling anxious before the big presentation.
Hun føler sig nervøs før den store præsentation.
(*Hoon fur-ler see ner-vurs fur den store pray-sen-ta-shon.*)

742. I'm proud of my team's achievements.
Jeg er stolt af mit holds præstationer.
(*Yay air stolt ahv meet hold's pray-sta-sho-ner.*)

743. He's devastated by the loss.
Han er dybt berørt af tabet.
(*Han air deebt beh-ruhrt ahv tah-bet.*)

744. I'm grateful for the support I received.
Jeg er taknemmelig for den støtte jeg modtog.
(*Yay air tak-nem-meh-leeg for den stut-teh yay mo-to.*)

745. She's experiencing a mix of emotions.
Hun oplever en blanding af følelser.
(*Hoon oh-pleh-ver en bland-ing ahv fur-lel-ser.*)

746. I'm content with where I am in life.
Jeg er tilfreds med hvor jeg er i livet.
(*Yay air til-freds mehd vohr yay air ee lee-vet.*)

747. He's overwhelmed by the workload.
Han er overvældet af arbejdsbyrden.
(*Han air oh-ver-vail-det ahv ar-bides-byhr-den.*)

748. I'm in awe of the natural beauty here.
Jeg er betaget af den naturlige skønhed her.
(*Yay air beh-tah-get ahv den na-toor-lee-ge skur-ned hair.*)

> **Language Learning Tip:** Find a Language Partner: Practice with a Danish-speaking partner for conversational skills.

749. She's relieved the exams are finally over.
Hun er lettet over at eksaminerne endelig er overstået.
(*Hoon air let-tet oh-ver ah eks-ah-mee-ner-neh en-de-lee air oh-ver-sto-et.*)

750. I'm excited about the new job opportunity.
Jeg er spændt på den nye jobmulighed.
(*Yay air span-t poh den ny-eh yob-moo-lee-hed.*)

Travel Story: During a visit to the "Ribe Viking Center," a Viking reenactor described Viking-age life, crafts, and traditions in Denmark.

751. I'm nostalgic about my childhood.
Jeg længes tilbage til min barndom.
(Yay leng-es til-bah-geh til min barn-dom.)

752. She's confused about her future.
Hun er forvirret over sin fremtid.
(Hoon air for-veer-ret oh-ver seen frem-teed.)

753. I'm touched by the kindness of strangers.
Jeg er berørt af fremmedes venlighed.
(Yay air beh-rurt ahv frem-meh-des ven-lig-hed.)

754. He's envious of his friend's success.
Han er misundelig på sin vens succes.
(Han air mee-soon-deh-lee poh seen vens soo-kes.)

755. I'm hopeful for a better tomorrow.
Jeg er håbefuld for en bedre morgendag.
(Yay air hoh-beh-foold for en bed-reh mor-gen-dahg.)

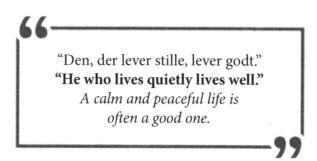

"Den, der lever stille, lever godt."
"He who lives quietly lives well."
*A calm and peaceful life is
often a good one.*

Interactive Challenge: Family & Relationships
(Link each English word with their corresponding meaning in Danish)

1) Family	Søskende
2) Parents	Slægtninge
3) Siblings	Fætre og kusiner
4) Children	Kærlighed
5) Grandparents	Børn
6) Spouse	Skilsmisse
7) Marriage	Adoption
8) Love	Ægteskab
9) Friendship	Venskab
10) Relatives	Svigerfamilie
11) In-laws	Niece
12) Divorce	Bedsteforældre
13) Adoption	Forældre
14) Cousins	Ægtefælle
15) Niece	Familie

Correct Answers:

1. Family - Familie
2. Parents - Forældre
3. Siblings - Søskende
4. Children - Børn
5. Grandparents - Bedsteforældre
6. Spouse - Ægtefælle
7. Marriage - Ægteskab
8. Love - Kærlighed
9. Friendship - Venskab
10. Relatives - Slægtninge
11. In-laws - Svigerfamilie
12. Divorce - Skilsmisse
13. Adoption - Adoption
14. Cousins - Fætre og kusiner
15. Niece - Niece

TECHNOLOGY & COMMUNICATION

- USING TECHNOLOGY-RELATED PHRASES -
- INTERNET ACCESS AND COMMUNICATION TOOLS -
- TROUBLESHOOTING TECHNICAL ISSUES -

Using Technology

756. I use my smartphone for various tasks.
Jeg bruger min smartphone til forskellige opgaver.
(Yay broo-ger meen smahrt-fohn til for-skelig-eh op-gah-ver.)

757. The computer is an essential tool in my work.
Computeren er et essentielt værktøj i mit arbejde.
(Com-poo-teh-ren air et ess-en-sheel vairk-tyøy ee meet ar-bei-deh.)

758. I'm learning how to code and develop software.
Jeg lærer at kode og udvikle software.
(Yay lair at koh-deh og oot-vik-leh soft-vare.)

759. My tablet helps me stay organized.
Min tablet hjælper mig med at holde styr på tingene.
(Meen tahb-let yæl-per mey mehd at hohl-deh steer poh ting-eh-neh.)

760. I enjoy exploring new apps and software.
Jeg nyder at udforske nye apps og software.
(Yay ny-der at oot-for-skeh ny-eh aps og soft-vare.)

> **Fun Fact:** The Oresund Bridge connects Denmark to Sweden and is one of the longest cable-stayed bridges in the world.

761. Smartwatches are becoming more popular.
Smarture bliver mere og mere populære.
(Smart-oor-eh ble-ver meh-reh og meh-reh pop-u-lair-eh.)

762. Virtual reality technology is fascinating.
Virtuel virkelighedsteknologi er fascinerende.
(*Vir-twel veer-ke-lig-heds-tek-no-lo-gee air fas-sin-er-end-eh.*)

763. Artificial intelligence is changing industries.
Kunstig intelligens ændrer industrier.
(*Koons-tig in-tel-li-gens æn-drer in-dus-tree-er.*)

764. I like to customize my gadgets.
Jeg kan lide at tilpasse mine gadgets.
(*Yay kan lee-deh at til-pas-seh meen-eh gad-gets.*)

765. E-books have replaced physical books for me.
E-bøger har erstattet fysiske bøger for mig.
(*Eh-bø-ger haar er-stat-tet fy-sis-keh bø-ger for mey.*)

766. Social media platforms connect people worldwide.
Sociale medieplatforme forbinder mennesker over hele verden.
(*So-sia-leh meh-dee-plat-for-meh for-bin-der men-ne-sker oh-ver heh-le ver-den.*)

767. I'm a fan of wearable technology.
Jeg er fan af bærbar teknologi.
(*Yay air fan af bær-bar tek-no-lo-gee.*)

768. The latest gadgets always catch my eye.
De nyeste gadgets fanger altid min opmærksomhed.
(*Deh ny-est-eh gadgets fang-er al-tid meen op-mairk-som-hed.*)

769. My digital camera captures high-quality photos.
Mit digitalkamera tager billeder af høj kvalitet.
(Meet dee-gee-tal-ka-me-ra taa-ger bil-le-der af hoy kva-lee-tet.)

770. Home automation simplifies daily tasks.
Hjemmeautomatisering forenkler daglige opgaver.
(Yem-ow-to-ma-tee-se-ring fo-renk-ler dai-lee op-ga-er.)

771. I'm into 3D printing as a hobby.
Jeg er interesseret i 3D-print som hobby.
(Yay air in-ter-es-se-ret ee tre-dee-print som hob-bee.)

772. Streaming services have revolutionized entertainment.
Streamingtjenester har revolutioneret underholdning.
(Stream-ing-tyen-es-ter har re-vo-lu-tion-er-et oon-der-hol-ning.)

773. The Internet of Things (IoT) is expanding.
Internet of Things (IoT) udvider sig.
(In-ter-net of Things (IoT) ood-vee-der see.)

774. I'm into gaming, both console and PC.
Jeg er interesseret i gaming, både på konsol og PC.
(Yay air in-ter-es-se-ret ee gay-ming, both-eh poh kon-sol og PC.)

775. Wireless headphones make life more convenient.
Trådløse hovedtelefoner gør livet mere bekvemt.
(Trohd-lur-suh hov-ed-te-le-fo-ner gur lee-vet meh-reh be-kvemt.)

Fun Fact: Denmark is known for its wind turbines and commitment to renewable energy.

776. Cloud storage is essential for my work.
Skyopbevaring er afgørende for mit arbejde.
(Skee-op-beh-var-ing air af-gurn-deh for meet ar-by-yeh.)

> **Travel Story:** At a local pottery studio in Funen, an artist described the art of "keramik," or ceramics, and its role in Danish craftsmanship.

Internet Access and Communication Tools

777. I rely on high-speed internet for work.
Jeg er afhængig af hurtigt internet til mit arbejde.
(Yay air af-hen-gee af hoor-teet in-ter-net til meet ar-by-yeh-de.)

778. Video conferencing is crucial for remote meetings.
Videokonferencer er afgørende for fjernmøder.
(Vee-deh-o-kon-feh-ren-ser air af-gurn-deh for fyern-mur-der.)

779. Social media helps me stay connected with friends.
Sociale medier hjælper mig med at holde forbindelsen med venner.
(So-see-ah-leh meh-dee-er yelp-er may mehd at hol-deh for-bin-del-sen mehd ven-ner.)

780. Email is my primary mode of communication.
E-mail er min primære kommunikationsform.
(Ee-mail air meen pri-may-reh ko-mu-ni-ka-tions-form.)

781. I use messaging apps to chat with family.
Jeg bruger beskedapps til at chatte med familien.
(*Yay broo-ger bes-ked-apps til at chat-te med fa-mee-lee-en.*)

782. Voice and video calls keep me in touch with loved ones.
Stemme- og videosamtaler holder mig i kontakt med mine kære.
(*Stem-meh ohk vee-deo-sam-ta-ler hol-der may i kon-takt med mee-neh kæ-re.*)

783. Online forums are a great source of information.
Onlinefora er en fantastisk informationskilde.
(*On-line-fo-ra air en fan-tas-tisk in-for-ma-sjons-kil-de.*)

784. I trust encrypted messaging services for privacy.
Jeg stoler på krypterede beskedtjenester for privatlivets skyld.
(*Yay sto-ler poh kryp-te-re-deh bes-ked-tyen-es-ter for pri-vat-li-vehts skyld.*)

785. Webinars are a valuable resource for learning.
Webinarer er en værdifuld ressource til læring.
(*Veb-i-na-rer air en ver-de-foold re-soor-seh til le-ring.*)

> **Idiomatic Expression:** "At sætte en prop i øret på nogen." - Meaning: "To silence someone."
> (Literal translation: "To put a cork in someone's ear.")

786. VPNs enhance online security and privacy.
VPN'er forbedrer online sikkerhed og privatliv.
(*Vee-Pee-En-er for-bed-rer on-line sik-ker-hed ohk pri-vat-liv.*)

87. Cloud-based collaboration tools are essential for teamwork.
Skybaserede samarbejdsværktøjer er afgørende for teamwork.
(*Sky-ba-se-re-deh sa-mar-byeds-verk-tøj-er air af-gø-ren-deh for team-værk.*)

88. I prefer using a wireless router at home.
Jeg foretrækker at bruge en trådløs router derhjemme.
(*Yay for-e-træk-ker at broo-ge en trohd-løs roo-ter dehr-hyem-meh.*)

89. Online banking simplifies financial transactions.
Netbank forenkler økonomiske transaktioner.
(*Net-bank fo-renk-ler ur-ko-no-mis-ke trans-ak-ti-o-ner.*)

> **Fun Fact:** Denmark has a tradition of "hygge," a word that embodies coziness and comfort.

90. VoIP services are cost-effective for international calls.
VoIP-tjenester er omkostningseffektive til internationale opkald.
(*Vo-ee-Pee-tyen-es-ter air om-kost-nings-ef-fek-ti-ve til in-ter-na-ti-o-na-le op-kald.*)

91. I enjoy online shopping for convenience.
Jeg nyder at shoppe online for bekvemmelighedens skyld.
(*Yay ny-der at shop-pe on-line for bek-vem-mel-ig-he-den-s skyld.*)

92. Social networking sites connect people globally.
Sociale netværkssider forbinder mennesker globalt.
(*So-see-ale net-verks-see-der for-bin-der men-nes-ker glo-balt.*)

793. E-commerce platforms offer a wide variety of products.
E-handelsplatforme tilbyder et bredt udvalg af produkter.
(*Ee-hand-els-plat-form-eh til-by-der et bredt ood-valg af pro-duk-ter.*)

> **Idiomatic Expression:** "At lukke øjnene for noget." -
> Meaning: "To ignore or overlook a problem."
> (Literal translation: "To close one's eyes to something.")

794. Mobile banking apps make managing finances easy.
Apps til mobilbank gør det nemt at håndtere økonomien.
(*Ap-ps til mo-bil-bank gør deht nemt at hon-deh-reh ø-ko-no-mee-en.*)

795. I'm active on professional networking sites.
Jeg er aktiv på professionelle netværkssider.
(*Yay air ak-tiv på pro-fes-sion-el-le net-værks-see-der.*)

796. Virtual private networks protect my online identity.
Virtuelle private netværk beskytter min online-identitet.
(*Vir-tu-el-le pri-vah-te net-værk be-skyt-ter min on-line-i-den-ti-tet.*)

797. Instant messaging apps are great for quick chats.
Apps til hurtigbeskeder er fantastiske til hurtige chats.
(*Ap-ps til hurt-te-be-skeder air fan-tas-tis-ke til hurt-te chats.*)

> **Cultural Insight:** Denmark has a strong sense of community living, with many residential areas designed to promote social interaction.

Troubleshooting Technical Issues

798. My computer is running slow; I need to fix it.
   Min computer kører langsomt; jeg skal reparere den.
   (Min com-pu-ter kø-rer lang-somt; yay skal re-pa-re-re den.)

799. I'm experiencing network connectivity problems.
   Jeg oplever problemer med netværksforbindelsen.
   (Yay op-le-ver pro-blem-er med net-værks-for-bin-del-sen.)

800. The printer isn't responding to my print commands.
   Printeren reagerer ikke på mine udskriftskommandoer.
   (Prin-ter-en re-a-ger-er in-ke på mee-ne
   ood-skrifts-kom-man-do-er.)

> **Fun Fact:** Denmark is known for its delicious pastries,
> including "kanelsnegle" (cinnamon rolls).

801. My smartphone keeps freezing; it's frustrating.
   Min smartphone fryser hele tiden; det er frustrerende.
   (Min smart-fohn fry-ser he-le tid-en; deht air frus-trer-en-de.)

802. The Wi-Fi signal in my house is weak.
   Wi-Fi-signalet i mit hus er svagt.
   (Vee-Fee-sig-na-let i mit hoos air svagt.)

803. I can't access certain websites; it's a concern.
   Jeg kan ikke få adgang til visse websteder; det er bekymrende.
   (Yay kan in-ke foe ad-gang til vis-se veb-sted-er; deht air
   be-ky-mren-de.)

804. My laptop battery drains quickly; I need a solution.
Mit laptopbatteri løber hurtigt tør for strøm; jeg har brug for en løsning.
(*Mit lap-top-bat-te-ri lø-ber hurt-igt tør for strøm; yay har brug for en løs-ning.*)

805. There's a software update available for my device.
Der er en softwareopdatering tilgængelig for min enhed.
(*Der air en soft-ware-op-da-te-ring til-gæn-ge-lig for min en-hed.*)

806. My email account got locked; I need to recover it.
Min e-mailkonto er blevet låst; jeg skal gendanne den.
(*Min e-mail-kon-to air ble-vet lost; yay skal gen-dan-ne den.*)

> **Fun Fact:** The Danish New Year's Eve tradition includes jumping off chairs at midnight to "leap" into the new year.

807. The screen on my tablet is cracked; I'm upset.
Skærmen på min tablet er revnet; jeg er ærgerlig.
(*Skær-men på min tab-let air rev-net; yay air ær-ger-lig.*)

808. My webcam isn't working during video calls.
Mit webcam virker ikke under videoopkald.
(*Mit web-cam vir-ker in-ke un-der vi-de-o-op-kald.*)

809. My phone's storage is almost full; I need to clear it.
Min telefons lagerplads er næsten fyldt; jeg skal rydde den.
(*Min te-le-fons la-ger-plads air næs-ten fylt; yay skal ry-de den.*)

810. I accidentally deleted important files; I need help.
Jeg slettede ved et uheld vigtige filer; jeg har brug for hjælp.
(*Yay slet-te-de ved et oo-held vig-ti-ge fi-ler; yay har brug for hjælp.*)

> **Fun Fact:** The Danish royal family participates in the changing of the guard ceremony at Amalienborg Palace in Copenhagen.

811. My smart home devices are not responding.
Mine smarte hjemmeenheder reagerer ikke.
(*Mi-ne smar-te hjem-meen-he-der rea-ge-rer in-ke.*)

812. The GPS on my navigation app is inaccurate.
GPS'en i min navigationsapp er unøjagtig.
(*Jee-Pe-Ess'en i min na-vi-ga-tions-app air oo-nyak-tig.*)

813. My antivirus software detected a threat; I'm worried.
Mit antivirusprogram har detekteret en trussel; jeg er bekymret.
(*Mit an-ti-vi-rus-pro-gram har de-tek-te-ret en trus-sel; yay air be-ky-mret.*)

814. The touchscreen on my device is unresponsive.
Touchskærmen på min enhed reagerer ikke.
(*Touch-skær-men på min en-hed rea-ge-rer in-ke.*)

815. My gaming console is displaying error messages.
Min spilkonsol viser fejlmeddelelser.
(*Min spil-kon-sol vi-ser fayl-med-de-lel-ser.*)

816.	I'm locked out of my social media account.
	Jeg er låst ude af min sociale mediekonto.
	(*Yay air loost oo-de af min so-si-e-le me-di-e-kon-to.*)

817.	The sound on my computer is distorted.
	Lyden på min computer er forvrænget.
	(*Loo-den poh min com-pu-ter air for-vræn-get.*)

818.	My email attachments won't open; it's frustrating.
	Mine e-mailvedhæftninger åbner ikke; det er frustrerende.
	(*Mi-ne e-mail-ved-hæft-ninger oh-ber in-ke; deh air frus-trer-en-de.*)

> **❝**
> "Man skal kravle, før man kan gå."
> **"One must crawl before one can walk."**
> *Success often requires starting with small steps*
> *or gaining experience gradually.*
> **❞**

Cross Word Puzzle: Technology & Communication
(Provide the English translation for the following Danish words)

Down

2. - DATA
3. - SKÆRM
4. - TASTATUR
6. - APPLIKATIONER
9. - NETVÆRK
10. - COMPUTER
12. - INTERNET
13. - KRYPTOLOGI

Across

1. - ADGANGSKODE
5. - OPLADER
7. - WEBCAM
8. BROWSER - WEBBROWSER
11. - ROUTER
13. - SKY
14. - BATTERI
15. - INDGANG
16. - PRINTER

Correct Answers:

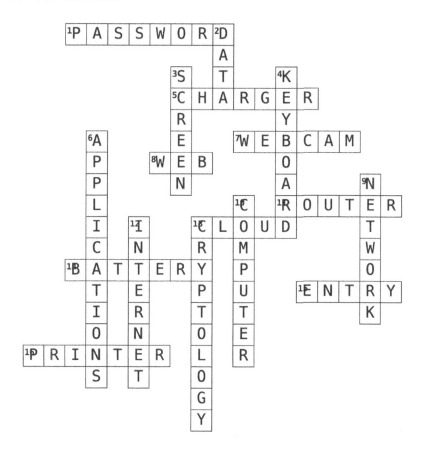

SPORTS & RECREATION

- DISCUSSING SPORTS, GAMES, & OUTDOOR ACTIVITIES -
- PARTICIPATING IN RECREATIONAL ACTIVITIES -
- EXPRESSING ENTHUSUASM OR FRUSTRATION -

Sports, Games, & Outdoor Activities

819. I love playing soccer with my friends.
Jeg elsker at spille fodbold med mine venner.
(Yay els-ker at spill-e fod-bold med mee-ne ven-ner.)

820. Basketball is a fast-paced and exciting sport.
Basketball er en hurtig og spændende sport.
(Bas-ket-ball air en hoor-teeg og spen-den-de sport.)

821. Let's go for a hike in the mountains this weekend.
Lad os tage på vandretur i bjergene denne weekend.
(Lad os tah-ge poh van-dre-tour ee byer-ge-ne den-ne vee-kend.)

822. Playing chess helps improve my strategic thinking.
At spille skak hjælper med at forbedre min strategiske tænkning.
(At spill-e skak yel-per med at for-be-dre min stra-te-gis-ke tenk-ning.)

823. I'm a fan of tennis; it requires a lot of skill.
Jeg er fan af tennis; det kræver mange færdigheder.
(Yay air fan af ten-nis; deh kræ-ver man-ge fer-di-he-der.)

   Fun Fact: The Danish alphabet contains 29 letters, including the additional letters æ, ø, and å.

824. Are you up for a game of volleyball at the beach?
Er du med på en omgang volleyball på stranden?
(Air doo med poh en om-gang vol-ley-ball poh stran-den?)

825. Baseball games are a great way to spend the afternoon.
Baseballkampe er en god måde at tilbringe eftermiddagen.
*(Base-ball-kam-pe air en god moh-de at til-bring-e
ef-ter-mid-dah-gen.)*

826. Camping in the wilderness is so peaceful.
At campere i vildmarken er så fredeligt.
(At cam-pe-re ee vild-mar-ken air soh fre-de-lee.)

827. I enjoy swimming in the local pool.
Jeg nyder at svømme i den lokale svømmehal.
(Yay ny-der at svøm-me ee den lo-ka-le svøm-me-hal.)

828. Let's organize a game of ultimate frisbee.
Lad os organisere et spil ultimate frisbee.
(Lad os or-ga-ni-se-re et speel ul-ti-mate fris-bee.)

829. I'm learning to play the guitar in my free time.
Jeg lærer at spille guitar i min fritid.
(Yay lær-er at spill-e gee-tar ee min free-teed.)

830. Skiing in the winter is an exhilarating experience.
At stå på ski om vinteren er en spændende oplevelse.
(At stoh poh ski om vin-te-ren air en spen-den-de op-level-se.)

831. Going fishing by the lake is so relaxing.
At fiske ved søen er så afslappende.
(At fisk-e ved sø-en air soh af-slap-pen-de.)

832. We should have a board game night with friends.
Vi burde have en brætspilsaften med venner.
(Vee boor-deh ha en bræt-speels-af-ten med ven-ner.)

833. Martial arts training keeps me fit and disciplined.
Kampkunsttræning holder mig i form og disciplineret.
(*Kamp-kunst-træ-ning hol-der may ee form og dis-ci-pli-ne-ret.*)

834. I'm a member of a local running club.
Jeg er medlem af en lokal løbeklub.
(*Yay air med-lem af en lo-kal lø-be-klub.*)

835. Playing golf is a great way to unwind.
At spille golf er en god måde at slappe af.
(*At spill-e golf air en god mode at slap-pe af.*)

> **Idiomatic Expression:** "At hænge med ørerne." -
> Meaning: "To eavesdrop on a conversation."
> (Literal translation: "To hang with the ears.")

836. Yoga classes help me stay flexible and calm.
Yogaklasser hjælper mig med at forblive fleksibel og rolig.
(*Yo-ga-klas-ser yel-per may mehd at for-blee-ve flek-si-bel og ro-lig.*)

837. I can't wait to go snowboarding this season.
Jeg glæder mig til at stå på snowboard denne sæson.
(*Yay glay-der may til at stoh poh snow-board den-ne say-son.*)

838. Going kayaking down the river is an adventure.
At tage på kajak ned ad floden er et eventyr.
(*At tah-ge poh kai-ak ned ad flo-den air et eh-ven-tür.*)

839. Let's organize a picnic in the park.
Lad os arrangere en picnic i parken.
(*Lad os ah-ran-je-re en pic-nic ee par-ken.*)

Participating in Recreational Activities

40. I enjoy painting landscapes as a hobby.
Jeg nyder at male landskaber som en hobby.
(Yay ny-der at mah-le lands-kah-ber som en hob-by.)

41. Gardening is a therapeutic way to spend my weekends.
Havearbejde er en terapeutisk måde at tilbringe mine weekender.
(Ha-ve-ar-bej-de air en teh-ra-peu-tisk mode at til-bring-e mee-ne vee-ken-der.)

42. Playing the piano is my favorite pastime.
At spille klaver er min yndlingsbeskæftigelse.
(At spill-e kla-ver air min ynd-lings-be-skæf-ti-gel-se.)

43. Reading books helps me escape into different worlds.
At læse bøger hjælper mig med at flygte ind i andre verdener.
(At le-se bø-ger yel-per may mehd at flyg-te ind ee an-dre ver-de-ner.)

44. I'm a regular at the local dance classes.
Jeg deltager regelmæssigt i de lokale danseklasser.
(Yay del-tah-ger re-gel-mæs-sigt ee de lo-kale dan-se-klas-ser.)

> **Fun Fact:** Danish literature includes authors like Søren Kierkegaard and Isak Dinesen.

45. Woodworking is a skill I've been honing.
Træarbejde er en færdighed, jeg har forfinet.
(Tray-ar-bej-de air en fer-di-hed, yay har for-fi-net.)

846.   I find solace in birdwatching at the nature reserve.
Jeg finder trøst i at iagttage fugle på naturreservatet.
*(Yay fin-der trøst ee at ee-ag-tah-ge foo-gle poh
na-toor-re-ser-va-tet.)*

847.   Meditation and mindfulness keep me centered.
Meditation og opmærksomhed holder mig centreret.
(Me-di-ta-sjon og op-mærk-som-hed hol-der may cen-tre-ret.)

848.   I've taken up photography to capture moments.
Jeg er begyndt med fotografering for at fange øjeblikke.
(Yay air be-gynt mehd fo-to-gra-fe-ring for at fan-ge ø-ye-blik-ke.)

849.   Going to the gym is part of my daily routine.
At gå til fitnesscenteret er en del af min daglige rutine.
(At goh til fit-ness-cen-te-ret air en del af min dag-lige roo-ti-ne.)

850.   Cooking new recipes is a creative outlet for me.
At lave nye opskrifter er et kreativt udløb for mig.
(At lah-ve nye op-skrif-ter air et kre-a-tivt ud-løb for may.)

851.   Building model airplanes is a fascinating hobby.
At bygge model flyvemaskiner er en fascinerende hobby.
*(At big-ge mo-del fly-ve-mas-ki-ner air en fas-ci-ner-en-de
hob-by.)*

852.   I love attending art exhibitions and galleries.
Jeg elsker at besøge kunstudstillinger og gallerier.
(Yay el-sker at be-sø-ge kuns-ud-still-ing-er og gal-le-ri-er.)

853. Collecting rare stamps has been a lifelong passion.
At samle sjældne frimærker har været en livslang passion.
(*At sam-le sjæl-dne fri-mær-ker har væ-ret en livs-lang pas-sion.*)

854. I'm part of a community theater group.
Jeg er en del af en teatergruppe i samfundet.
(*Yay air en del af en tea-ter-grup-pe ee sam-fun-det.*)

855. Birdwatching helps me connect with nature.
At kigge på fugle hjælper mig med at forbinde mig med naturen.
(*At kig-ge på foo-gle yel-per may mehd at for-bin-de may mehd na-tu-ren.*)

856. I'm an avid cyclist and explore new trails.
Jeg er en ivrig cyklist og udforsker nye stier.
(*Yay air en iv-rig sik-list og ud-for-sker nye stie-er.*)

857. Pottery classes allow me to express myself.
Keramikkurser giver mig mulighed for at udtrykke mig selv.
(*Ke-ra-mik-kurs-er gi-ver may mul-ig-hed for at ud-tryk-ke may selv.*)

858. Playing board games with family is a tradition.
At spille brætspil med familien er en tradition.
(*At spill-e bræt-spil mehd fam-il-yen air en tra-di-tion.*)

859. I'm practicing mindfulness through meditation.
Jeg øver opmærksomhed gennem meditation.
(*Yay ø-ver op-mærk-som-hed gen-nem me-di-ta-sjon.*)

860. I enjoy long walks in the park with my dog.
Jeg nyder lange gåture i parken med min hund.
(*Yay ny-der lan-ge go-tu-re ee par-ken mehd meen hoon.*)

Travel Story: In the town of Viborg, a local mentioned the historical "Landstingssalen," or Landsting Hall, where Denmark's political decisions were made before the modern parliament.

Expressing Enthusiasm or Frustration

861. I'm thrilled we won the championship!
Jeg er overlykkelig over, at vi vandt mesterskabet!
(*Yay air oh-ver-lyk-ke-li oh-ver, at vee vant mes-ters-ka-bet!*)

862. Scoring that goal felt amazing.
At score det mål føltes fantastisk.
(*At sko-re deht mohl føl-tes fan-tas-tisk.*)

863. It's so frustrating when we lose a game.
Det er så frustrerende, når vi taber en kamp.
(*Deht air soh frus-tre-ren-de, nor vee tah-ber en kamp.*)

864. I can't wait to play again next week.
Jeg kan ikke vente med at spille igen næste uge.
(*Yay kan eek-ke ven-te mehd at speel-leh ee-gen næs-te oo-ge.*)

Fun Fact: The Danish monarchy is the oldest continuous monarchy in Europe.

865. Our team's performance was outstanding.
Vores holds præstation var fremragende.
(*Voh-res holts præs-ta-sjon var frem-ra-gen-de.*)

866. We need to practice more; we keep losing.
Vi skal træne mere; vi taber hele tiden.
(*Vee skal træ-neh meh-re; vee tah-ber heh-le tee-den.*)

867. I'm over the moon about our victory!
Jeg er over månen over vores sejr!
(*Yay air oh-ver mo-nen oh-ver voh-res sey-yer!*)

> **Language Learning Tip:** Use Sticky Notes - Label everyday objects with their Danish names to reinforce vocabulary.

868. I'm an avid cyclist and explore new trails.
Jeg er en ivrig cyklist og udforsker nye stier.
(*Yay air en ee-vreeg sih-klist ohk oo-for-sker ny-eh stee-er.*)

869. The referee's decision was unfair.
Dommerens afgørelse var uretfærdig.
(*Doh-mer-ens af-gør-elseh var oo-reh-tfær-di.*)

870. We've been on a winning streak lately.
Vi har været på en vinderstime for nylig.
(*Vee har væ-ret poh en vin-der-stee-meh for nee-lig.*)

871. I'm disappointed in our team's performance.
Jeg er skuffet over vores holds præstation.
(*Yay air sko-fet oh-ver voh-res holts præs-ta-sjon.*)

872. The adrenaline rush during the race was incredible.
Adrenalinsuset under løbet var utroligt.
(Ah-dreh-nah-leen-soo-set oon-der læ-bet var oo-tro-leegt.)

873. We need to step up our game to compete.
Vi skal oppe vores spil for at konkurrere.
(Vee skal op-peh vo-res speel for at kon-kur-reh-reh.)

> **Idiomatic Expression:** "At trække et svin." -
> Meaning: "To make a crude or offensive joke."
> (Literal translation: "To pull a pig.")

874. Winning the tournament was a dream come true.
At vinde turneringen var en drøm, der blev til virkelighed.
(At vin-deh too-rne-ring-en var en drøm, der blev til virk-lee-hed.)

875. I was so close to scoring a goal.
Jeg var så tæt på at score et mål.
(Yay var soh tæt poh at sko-reh et mohl.)

876. We should celebrate our recent win.
Vi bør fejre vores seneste sejr.
(Vee bur fy-reh vo-res se-nes-teh sey-er.)

877. Losing by a narrow margin is frustrating.
At tabe med en lille margin er frustrerende.
(At tah-beh mehd en lil-leh mar-gin air frus-trer-en-deh.)

878. Let's train harder to improve our skills.
Lad os træne hårdere for at forbedre vores færdigheder.
(Lahd os trai-neh hor-deh-reh for at for-beh-dre vo-res færr-di-he-der.)

79. The match was intense from start to finish.
Kampen var intens fra start til slut.
(Kam-pen var in-tens fra start til sloot.)

80. I'm proud of our team's sportsmanship.
Jeg er stolt af vores holds sportsånd.
(Yay air stohlt ahf vo-res hohlz sports-ond.)

81. We've faced tough competition this season.
Vi har stået over for hård konkurrence denne sæson.
(Vee har stoh-et oh-ver for hor konkuren-seh den-neh sæ-sohn.)

82. I'm determined to give it my all in the next game.
Jeg er fast besluttet på at give alt i næste kamp.
(Yay air fast be-sloot-et poh at gee-veh alt i nes-teh kamp.)

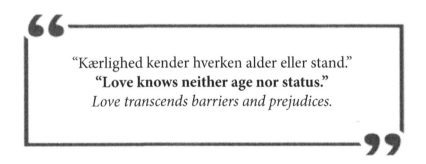

"Kærlighed kender hverken alder eller stand."
"Love knows neither age nor status."
Love transcends barriers and prejudices.

Mini Lesson:
Basic Grammar Principles in Danish #3

Introduction:

Welcome to the third installment of our Danish grammar series. Building on the foundational knowledge from previous lessons, this part will delve into more intricate aspects of Danish grammar. These advanced concepts are essential for a nuanced understanding and effective use of the Danish language, helping you to communicate with greater sophistication.

1. Particles:

In Danish verbs can be combined with particles to form phrasal verbs. These combinations often carry meanings that aren't directly inferred from the individual words.

- *Gå ud (go out)*
- *Sætte på (turn on)*
- *Tage af (take off)*

2. Word Formation:

Danish facilitates the creation of new words through compounding, allowing for the combination of multiple words into one.

- *Tand + børste = Tandbørste (toothbrush)*
- *Skrive + bord = Skrivebord (desk)*

3. Conditional Sentences:

Conditional sentences in Danish typically use "hvis" (if) and the conditional form of the verb.

- *Hvis jeg havde penge, ville jeg rejse. (If I had money, I would travel.)*
- *Hvis det regner, bliver vi hjemme. (If it rains, we will stay home.)*

4. Reported Speech:

Similar to other Germanic languages, Danish uses a backshift in tense when reporting speech.

- *Han siger, at han er træt. (He says he is tired.)*
- *Hun sagde, at hun havde spist. (She said that she had eaten.)*

5. Reflexive Possessive Pronouns:

Danish employs reflexive possessive pronouns to indicate clear ownership, aligning with the subject of the sentence.

- *Han vasker sin bil. (He washes his [own] car.)*
- *De reparerer deres tag. (They repair their [own] roof.)*

6. The Passive Form:

The passive voice in Danish is commonly formed using the auxiliary verb "blive" or the "-s" suffix.

- *Brevet sendes i dag. (The letter is being sent today.)*
- *Huset blev bygget i 1920'erne. (The house was built in the 1920s.)*

7. Subjunctive Mood:

Although not as prevalent in modern Danish, the subjunctive mood can be seen in certain expressions and literary contexts.

- *Længe leve kongen! (Long live the king!)*
- *Hvis jeg var rig... (If I were rich...)*

Conclusion:

Grasping these complex elements of Danish grammar will allow you to form more sophisticated sentences and deepen your understanding of the language. Regular practice and immersing yourself in Danish culture and media are key to mastering these concepts. Held og lykke! (Good luck!)

TRANSPORT & DIRECTIONS

- ASKING FOR AND GIVING DIRECTIONS -
- USING TRANSPORTATION-RELATED PHRASES -

Asking for and Giving Directions

883.   Can you tell me how to get to the nearest subway station?
Kan du fortælle mig, hvordan man kommer til den nærmeste metrostation?
(Kan doo for-tel-le may, vor-dan man kom-mer til den ner-mes-te me-tro-sta-shon?)

884.   Excuse me, where's the bus stop for Route 25?
Undskyld, hvor er busstoppestedet for rute 25?
(Oon-skyld, vor er boos-stop-pe-sted-et for roo-te 25?)

885.   Could you give me directions to the city center?
Kan du give mig vejledning til byens centrum?
(Kan doo gee-ve may vay-le-ning til bee-ens sen-trum?)

886.   I'm looking for a good place to eat around here. Any recommendations?
Jeg leder efter et godt sted at spise her i nærheden. Har du nogle anbefalinger?
(Yay leh-der ef-ter et got sted at spee-se her ee ner-he-den. Har doo no-le an-beh-fal-ing-er?)

887.   Which way is the nearest pharmacy?
Hvilken vej er til den nærmeste apotek?
(Vil-ken vay er til den ner-mes-te ah-po-tek?)

888.   How do I get to the airport from here?
Hvordan kommer jeg til lufthavnen herfra?
(Vor-dan kom-mer yay til looft-hav-nen her-fra?)

89. Can you point me to the nearest ATM?
Kan du pege mig mod den nærmeste hæveautomat?
(Kan doo pay-ye may mod den ner-mes-te heh-ve-ow-to-mat?)

90. I'm lost. Can you help me find my way back to the hotel?
Jeg er faret vild. Kan du hjælpe mig med at finde tilbage til hotellet?
(Yay er fah-ret vild. Kan doo yel-pe may mehd at fin-de til-bah-ye til ho-tel-let?)

91. Where's the closest gas station?
Hvor er den nærmeste benzinstation?
(Vor er den ner-mes-te benz-in-sta-shon?)

92. Is there a map of the city available?
Findes der et kort over byen?
(Fin-des der et kort oh-ver bee-en?)

93. How far is it to the train station from here?
Hvor langt er det til togstationen herfra?
(Vor langt er deht til toh-sta-shon-en her-fra?)

94. Which exit should I take to reach the shopping mall?
Hvilken udgang skal jeg tage for at komme til indkøbscenteret?
(Vil-ken ood-gang skal yay tah-ye for at kom-me til in-købs-sen-ter-et?)

95. Where can I find a taxi stand around here?
Hvor kan jeg finde en taxa standplads her i nærheden?
(Vor kan yay fin-de en tak-sa stand-plads her ee ner-he-den?)

896. Can you direct me to the main tourist attractions?
Kan du vise mig vej til de vigtigste turistattraktioner?
*(Kan doo vee-se may vay til de vig-tig-ste
too-rist-at-trak-ti-o-ner?)*

> **Fun Fact:** The Danish philosopher Kierkegaard is known
> for his existentialist ideas.

897. I need to go to the hospital. Can you provide directions?
Jeg skal til hospitalet. Kan du give mig en vejledning?
(Yay skal til hos-pi-ta-let. Kan doo gee-ve may en vay-le-ning?)

898. Is there a park nearby where I can go for a walk?
Er der en park i nærheden, hvor jeg kan gå en tur?
(Er der en park i ner-he-den, vor yay kan go en toor?)

899. Which street should I take to reach the museum?
Hvilken gade skal jeg tage for at komme til museet?
(Vil-ken gad-e skal yay tah-ge for at kom-me til moo-see-et?)

900. How do I get to the concert venue?
Hvordan kommer jeg til koncertstedet?
(Vor-dan kom-mer yay til kon-sert-steh-det?)

901. Can you guide me to the nearest public restroom?
Kan du vise mig vej til det nærmeste offentlige toilet?
(Kan doo vee-se may vay til de nærm-este off-ent-lee-ge toilet?)

902. Where's the best place to catch a cab in this area?
Hvor er det bedste sted at fange en taxi i dette område?
(*Vor er de bed-ste sted at fah-nge en taxi i det-te om-roo-de?*)

Buying Tickets

903. I'd like to buy a one-way ticket to downtown, please.
Jeg vil gerne købe en enkeltbillet til centrum, tak.
(*Yay vil gerne kø-be en en-kelt-bi-let til sen-trum, tak.*)

904. How much is a round-trip ticket to the airport?
Hvor meget koster en returbillet til lufthavnen?
(*Vor mye-ket kos-ter en re-tur-bi-let til loft-hav-nen?*)

905. Do you accept credit cards for ticket purchases?
Accepterer I kreditkort til billetkøb?
(*Ak-sep-te-rer ee kred-it-kort til bil-let-køb?*)

906. Can I get a student discount on this train ticket?
Kan jeg få studierabat på denne togbillet?
(*Kan yay fo stu-dee-er-abat på den-ne tog-bi-let?*)

907. Is there a family pass available for the bus?
Er der et familiepas til bussen?
(*Er der et fami-lee-pas til boos-sen?*)

> **Travel Story:** While visiting the picturesque town of Møns Klint, a guide discussed the famous white chalk cliffs and their geological significance.

908. What's the fare for a child on the subway?
Hvad koster en børnebillet til metroen?
(*Vad kos-ter en bør-ne-bi-let til me-tro-en?*)

909. Are there any senior citizen discounts for tram tickets?
Er der nogen seniorrabatter på sporvognsbilletter?
(*Er der no-gen se-nior-rabat-ter på spor-vogns-bi-let-ter?*)

910. Do I need to make a reservation for the express train?
Skal jeg lave en reservation til ekspresstoget?
(*Skal yay lave en re-ser-va-tion til eks-pres-to-get?*)

911. Can I upgrade to first class on this flight?
Kan jeg opgradere til første klasse på denne flyvning?
(*Kan yay op-gra-de-re til før-ste klas-se på den-ne flyv-ning?*)

912. Are there any extra fees for luggage on this bus?
Er der nogen ekstra gebyrer for bagage på denne bus?
(*Er der no-gen eks-tra ge-by-rer for ba-ga-ge på den-ne bus?*)

913. I'd like to book a sleeper car for the overnight train.
Jeg vil gerne booke en sovevogn til nattoget.
(*Yay vil gerne bo-o-ke en so-ve-vogn til nat-to-get?*)

914. What's the schedule for the next ferry to the island?
Hvad er køreplanen for næste færge til øen?
(*Vad er kø-re-pla-nen for næ-ste fær-ge til ø-en?*)

Cultural Insight: Many Danes own "sommerhus" (summer houses) in rural areas, where they spend their holidays and weekends.

915. Are there any available seats on the evening bus to the beach?
Er der nogen ledige pladser på aftenbussen til stranden?
(Er der no-gen le-di-ge plad-ser på af-ten-bus-sen til stran-den?)

916. Can I pay for my metro ticket with a mobile app?
Kan jeg betale for min metro-billet med en mobilapp?
(Kan yay be-ta-le for min me-tro-bi-let med en mo-bil-app?)

917. Is there a discount for purchasing tickets online?
Er der rabat for at købe billetter online?
(Er der ra-bat for at kø-be bi-let-ter on-line?)

918. How much is the parking fee at the train station?
Hvad er parkeringsafgiften ved togstationen?
(Vad er par-ke-rings-af-gif-ten ved tog-sta-tio-nen?)

919. I'd like to reserve two seats for the next shuttle bus.
Jeg vil gerne reservere to pladser på næste shuttlebus.
(Yay vil gerne re-ser-ve-re to plad-ser på næ-ste shut-tle-bus?)

920. Do I need to validate my ticket before boarding the tram?
Skal jeg validere min billet inden jeg stiger på sporvognen?
(Skal yay va-li-de-re min bi-let in-den yay sti-ger på spor-vog-nen?)

921. Can I buy a monthly pass for the subway?
Kan jeg købe et månedskort til metroen?
(Kan yay kø-be et må-neds-kort til me-tro-en?)

922.   Are there any group rates for the boat tour?
       Er der nogle gruppepriser for bådturen?
       (*Er der no-gle gru-ppay-pree-ser for boat-to-ren?*)

           Travel Story: Exploring the iconic Roskilde Cathedral, a
           historian shared the history of the church, a UNESCO
           World Heritage site and the burial place of Danish
           monarchs.

Arranging Travel

923.   I need to book a flight to Paris for next week.
       Jeg skal booke en flyvning til Paris til næste uge.
       (*Yay skal bo-o-ke en flyv-ning til Pah-ree til næs-te u-ge.*)

924.   What's the earliest departure time for the high-speed train?
       Hvad er den tidligste afgangstid for højhastighedstoget?
       (*Vad er den tee-ligs-te af-gangs-teed for hoy-has-tigh-heds-to-get?*)

925.   Can I change my bus ticket to a later time?
       Kan jeg ændre min busticket til en senere tid?
       (*Kan yay æn-dre min bus-ti-ket til en se-ne-re teed?*)

926.   I'd like to rent a car for a week.
       Jeg vil gerne leje en bil i en uge.
       (*Yay vil gerne lay-ye en bil i en u-ge.*)

           Fun Fact: The Danish language has evolved over
           centuries, influenced by other languages like Low
           German and Latin.

27. Is there a direct flight to New York from here?
Er der en direkte flyvning til New York herfra?
(*Er der en dee-rek-te flyv-ning til New York her-fra?*)

28. I need to cancel my reservation for the cruise.
Jeg skal annullere min reservation for krydstogtet.
(*Yay skal an-null-le-re min re-ser-va-tion for kryds-tog-tet.*)

29. Can you help me find a reliable taxi service for airport transfers?
Kan du hjælpe mig med at finde en pålidelig taxiservice til lufthavnstransport?
(*Kan du yæl-pe may mehd at fin-de en poh-lee-de-lig taxi-ser-vice til loft-havns-trans-port?*)

30. I'm interested in a guided tour of the city. How can I arrange that?
Jeg er interesseret i en guidet byrundtur. Hvordan kan jeg arrangere det?
(*Yay er in-ter-esser-et i en gee-det by-roon-tur. Vohr-dan kan yay ar-ran-ge-re det?*)

31. Do you have any information on overnight buses to the capital?
Har du nogen information om nattbusser til hovedstaden?
(*Har du no-gen in-for-ma-tion om nat-bus-ser til hoo-ved-sta-den?*)

32. I'd like to purchase a travel insurance policy for my trip.
Jeg vil gerne købe en rejseforsikring til min rejse.
(*Yay vil gerne kø-be en rays-for-si-kring til min ray-se.*)

> **Cultural Insight:** The celebration of "Sankt Hans Aften" on June 23rd, also known as Midsummer Night, involves bonfires and festivities.

933.   Can you recommend a good travel agency for vacation
        packages?
        Kan du anbefale et godt rejsebureau for feriepakker?
        (*Kan doo an-be-fah-le et got ray-se-bew-row for feh-ree-pak-ker?*)

934.   I need a seat on the evening ferry to the island.
        Jeg har brug for en plads på aftenfærgen til øen.
        (*Yay har broog for en plahts poh af-ten-fær-gen til ø-en.*)

935.   How can I check the departure times for international flights?
        **Hvordan kan jeg tjekke afgangstiderne for internationale
        flyvninger?**
        (*Vor-dan kan yay chek-ke af-gangs-tee-der-ne for
        in-ter-na-shee-o-nah-le flyv-ninger?*)

936.   Is there a shuttle service from the hotel to the train station?
        Er der en shuttle-service fra hotellet til togstationen?
        (*Er der en shut-tle-ser-vee-se fra ho-tel-let til toh-sta-shee-o-nen?*)

937.   I'd like to charter a private boat for a day trip.
        Jeg vil gerne leje en privat båd for en dagstur.
        (*Yay vil gerne lay-ye en pree-vat bod for en dahgs-toor.*)

938.   Can you assist me in booking a vacation rental apartment?
        Kan du hjælpe mig med at booke en ferielejlighed?
        (*Kan doo yel-pe may mehd at boo-ke en feh-ree-ley-yeh-led?*)

939. I need to arrange transportation for a group of 20 people.
Jeg har brug for at arrangere transport for en gruppe på 20 personer.
(*Yay har broog for at ar-ran-ge-re trans-port for en grop poh tjoo-go pehr-soh-ner.*)

940. What's the best way to get from the airport to the city center?
Hvad er den bedste måde at komme fra lufthavnen til byens centrum?
(*Vahd er den bed-steh mo-deh at kom-me fra looft-hav-nen til bye-ens sen-trum?*)

941. Can you help me find a pet-friendly accommodation option?
Kan du hjælpe mig med at finde et kæledyrsvenligt overnatningsmulighed?
(*Kan doo yel-pe may mehd at fin-de et keh-le-dürs-ven-leegt oh-ver-nat-nings-mu-li-hed?*)

942. I'd like to plan a road trip itinerary for a scenic drive.
Jeg vil gerne planlægge en køreplan for en naturskøn køretur.
(*Yay vil gerne plan-leh-ge en kø-re-plan for en na-toor-skoen kø-re-toor.*)

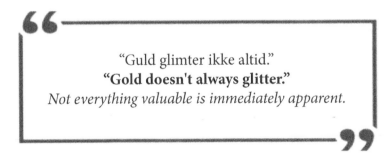

"Guld glimter ikke altid."
"Gold doesn't always glitter."
Not everything valuable is immediately apparent.

Word Search Puzzle: Transport & Directions

CAR
BIL
BUS
BUS
AIRPORT
LUFTHAVN
SUBWAY
UNDERGRUNDSBANE
TAXI
TAXI
STREET
GADE
MAP
KORT
DIRECTION
RETNING
TRAFFIC
TRAFIK
PARKING
PARKERING
PEDESTRIAN
FODGÆNGER
HIGHWAY
MOTORVEJ
BRIDGE
BRO
ROUNDABOUT
RUNDKØRSEL
TICKET
BILLET

```
D  Y  G  L  B  S  F  H  Z  T  O  U  V  T  G
M  I  F  N  E  I  I  D  R  U  R  Q  I  G  N
K  G  R  V  I  G  W  A  B  E  B  C  D  K  N
O  V  Q  E  H  K  F  F  V  S  K  D  C  Q  W
Z  S  X  W  C  F  R  B  P  E  H  V  R  M  R
V  U  A  S  I  T  S  A  T  L  S  R  U  Q  H
Y  Y  A  C  U  I  I  A  P  D  C  E  N  L  O
D  B  I  S  U  B  X  O  Z  H  A  T  D  T  E
F  B  M  U  T  I  W  P  N  Q  B  N  K  F  Y
M  N  D  B  T  W  T  A  B  N  E  I  Ø  O  H
L  R  Q  Z  P  R  A  S  Y  V  D  N  R  D  R
F  N  I  Z  O  H  I  N  K  U  A  G  S  G  G
J  H  M  P  K  T  L  G  U  N  G  C  E  Æ  C
J  F  R  K  I  F  A  R  T  D  K  Q  L  N  I
J  I  T  E  L  L  I  B  O  E  K  H  J  G  N
A  T  J  P  E  D  E  S  T  R  I  A  N  E  J
E  J  E  V  R  O  T  O  M  G  E  Q  P  R  T
X  G  U  E  A  U  R  Y  M  R  E  R  R  K  N
J  N  D  M  R  X  Z  F  S  U  Q  I  E  S  D
G  Y  N  I  F  T  P  F  S  N  V  I  J  B  C
N  N  K  S  R  B  S  E  K  D  D  O  P  V  Y
I  Q  Q  S  V  B  Y  H  W  S  A  O  S  Q  J
R  Q  M  S  V  V  A  K  E  B  P  T  K  U  V
E  L  U  F  T  H  A  V  N  A  N  N  P  B  B
K  K  S  Y  T  T  D  C  M  N  K  O  R  T  B
R  R  J  G  L  K  A  X  N  E  G  S  A  B  T
A  V  N  N  C  R  O  U  N  D  A  B  O  U  T
P  I  L  B  A  Y  G  R  T  A  V  K  V  P  K
J  L  E  M  E  J  A  X  T  A  J  Z  E  H  H
L  I  B  I  X  A  T  V  V  U  A  H  V  D  U
```

Correct Answers:

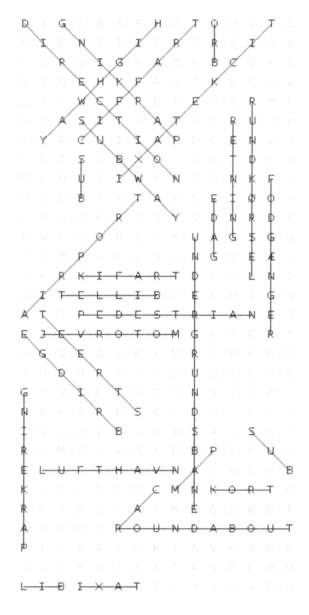

214

SPECIAL OCCASIONS

- EXPRESSING WELL WISHES AND CONGRATULATIONS -
- CELEBRATIONS AND CULTURAL EVENTS -
- GIVING AND RECEIVING GIFTS -

Expressing Well Wishes & Congratulations

943. Congratulations on your graduation!
      Tillykke med din eksamen!
      (Til-yuh-ke mehd deen ek-sa-men!)

944. Best wishes for a long and happy marriage.
      De bedste ønsker for et langt og lykkeligt ægteskab.
      (Deh bed-ste un-sker for et langt oh lyk-keh-leet ehg-te-skab.)

945. Happy anniversary to a wonderful couple.
      Tillykke med bryllupsdagen til et vidunderligt par.
      (Til-yuh-ke mehd bryl-lups-dah-gen til et vi-dun-der-leet par.)

946. Wishing you a speedy recovery.
      Ønsker dig en hurtig bedring.
      (Un-sker dey en hoor-teg be-dring.)

947. Congratulations on your new job!
      Tillykke med dit nye job!
      (Til-yuh-ke mehd deet nye yob!)

      Travel Story: In the heart of Aarhus, a musician talked about the annual "Aarhus Festuge," a vibrant cultural festival featuring music, art, and performances.

948. May your retirement be filled with joy and relaxation.
      Må din pensionisttilværelse være fyldt med glæde og afslapning.
      (Moh deen pen-syo-nist-til-vair-rel-seh vair-eh fylt mehd gleh-deh oh af-slap-ning.)

949. Best wishes on your engagement.
De bedste ønsker på jeres forlovelse.
(Deh bed-ste un-sker poh yay-res for-loh-vel-seh.)

950. Happy birthday! Have an amazing day.
Tillykke med fødselsdagen! Hav en fantastisk dag.
(Til-yuh-ke mehd fød-sels-dah-gen! Hav en fan-tas-tisk dahg.)

> **Cultural Insight:** Denmark had a history of witch trials
> in the 16th and 17th centuries, with many innocent
> people accused and executed.

951. Wishing you success in your new venture.
Ønsker dig succes i dit nye foretagende.
(Un-sker dey suk-ses i deet nye for-e-ta-gen-deh.)

952. Congratulations on your promotion!
Tillykke med din forfremmelse!
(Til-yuh-ke mehd deen for-frem-mel-seh!)

953. Good luck on your exam—you've got this!
Held og lykke til din eksamen – du kan klare det!
(Hell oh lyk-ke til deen ek-sa-men – doo kan klah-reh deht!)

954. Best wishes for a safe journey.
De bedste ønsker for en sikker rejse.
(Deh bed-ste un-sker for en sik-ker ray-seh.)

955. Happy retirement! Enjoy your newfound freedom.
Glædelig pensionering! Nyd din nyfundne frihed.
(Gleh-deh-leeg pen-syo-ne-ring! Nüd deen ny-foon-ne free-hed.)

956. Congratulations on your new home.
Tillykke med jeres nye hjem.
(*Til-yuh-ke mehd yeh-res nye heym.*)

957. Wishing you a lifetime of love and happiness.
Ønsker jer et liv fuldt af kærlighed og lykke.
(*Un-sker yehr et leev fult af care-lee-ed oh lyk-keh.*)

958. Best wishes on your upcoming wedding.
De bedste ønsker til jeres kommende bryllup.
(*Deh bed-ste un-sker til yeh-res kom-men-deh bryl-loop.*)

959. Congratulations on the arrival of your baby.
Tillykke med ankomsten af jeres barn.
(*Til-yuh-ke mehd an-koms-ten af yeh-res barn.*)

960. Sending you warmest thoughts and prayers.
Sender jer mine varmeste tanker og bønner.
(*Sen-der yehr mee-ne var-meste tan-ker oh bon-ner.*)

961. Happy holidays and a joyful New Year!
Glædelige helligdage og et lykkeligt nytår!
(*Gleh-de-lee-geh hel-lig-dah-geh oh et lyk-ke-leegt new-tohr!*)

962. Wishing you a wonderful and prosperous future.
Ønsker jer en vidunderlig og fremgangsrig fremtid.
(*Un-sker yehr en vi-dun-der-leeg oh frem-gongs-rig frem-teed.*)

Idiomatic Expression: "At sidde i skoen." -
Meaning: "To be in trouble or in a difficult situation."
(Literal translation: "To sit in the shoe.")

Celebrations & Cultural Events

963. I'm excited to attend the festival this weekend.
Jeg glæder mig til at deltage i festivalen denne weekend.
(Yay gleh-der may til at del-tah-eh i fes-ti-val-en den-neh veek-end.)

964. Let's celebrate this special occasion together.
Lad os fejre denne specielle begivenhed sammen.
(Lahd os fy-ree den-neh spe-see-eh-leh be-gee-ven-hed sam-men.)

> **Fun Fact:** Denmark is known for its modern design, with influential designers like Arne Jacobsen and Hans Wegner.

965. The cultural parade was a vibrant and colorful experience.
Den kulturelle parade var en levende og farverig oplevelse.
(Den kul-tu-rel-leh pa-ra-deh var en le-ven-deh oh far-ve-rig op-le-vel-seh.)

966. I look forward to the annual family reunion.
Jeg ser frem til den årlige familiegenforening.
(Yay ser frem til den or-lee-geh fa-mi-lee-gen-for-eh-ning.)

967. The fireworks display at the carnival was spectacular.
Fyrværkeriet ved karnevalet var spektakulært.
(Fyr-vair-ke-ri-eh ved kar-ne-val-et var spek-ta-ku-lairt.)

968. It's always a blast at the neighborhood block party.
Det er altid sjovt til kvarterets blokfest.
(Deh air al-teed syovt til kvar-te-rehts blok-fest.)

969. Attending the local cultural fair is a tradition.
At deltage i den lokale kulturfestival er en tradition.
(*At del-tah-ge i den lo-kah-le kul-tur-fes-ti-val er en tra-di-tion.*)

970. I'm thrilled to be part of the community celebration.
Jeg er begejstret for at være en del af samfundets fejring.
(*Yay er be-gyest-ret for at vair-e en del af sam-fun-dets fay-ring.*)

971. The music and dancing at the wedding were fantastic.
Musikken og dansen til brylluppet var fantastisk.
(*Mu-sik-ken og dan-sen til bryl-lup-pet var fan-tas-tisk.*)

972. Let's join the festivities at the holiday parade.
Lad os deltage i festlighederne ved ferieparaden.
(*Lahd os del-tah-ge i fest-li-ge-der-ne ved fair-ie-par-ah-den.*)

973. The cultural exchange event was enlightening.
Kulturudvekslingsbegivenheden var oplysende.
(*Kul-tur-ud-veks-lings-be-given-hed-en var op-ly-sen-de.*)

974. The food at the international festival was delicious.
Maden ved den internationale festival var lækker.
(*Mah-den ved den in-ter-na-sjo-na-le fes-ti-val var lek-ker.*)

> **Travel Story:** During a visit to Legoland Billund, a parent mentioned the Danish word "klodser," which means "bricks," highlighting the importance of creativity and play in Danish culture.

75. I had a great time at the costume party.
Jeg havde det rigtig sjovt til udklædningsfesten.
(Yay hav-deh deh rig-tig syovt til ud-klehd-nings-fes-ten.)

76. Let's toast to a memorable evening!
Lad os skåle for en mindeværdig aften!
(Lahd os skoh-le for en min-de-vair-dig af-ten!)

77. The concert was a musical extravaganza.
Koncerten var en musikalsk extravaganza.
(Kon-ser-ten var en mu-si-kalsk eks-tra-va-gan-za.)

78. I'm looking forward to the art exhibition.
Jeg ser frem til kunstudstillingen.
(Yay ser frem til kuns-ud-stil-ling-en.)

79. The theater performance was outstanding.
Teaterforestillingen var enestående.
(Te-a-ter-for-estil-ling-en var en-es-to-en-de.)

80. We should participate in the charity fundraiser.
Vi bør deltage i velgørenhedsindsamlingen.
(Vee bur del-tah-ge i vel-gur-en-heds-in-sam-ling-en.)

81. The sports tournament was thrilling to watch.
Sportsturneringen var spændende at se på.
(Sports-tur-ner-ing-en var spen-den-de at se poh.)

82. Let's embrace the local customs and traditions.
Lad os omfavne de lokale skikke og traditioner.
(Lahd os om-fav-ne de lo-kah-le ski-ke og tra-di-sjo-ner.)

Giving and Receiving Gifts

983.　I hope you like this gift I got for you.
Jeg håber, du kan lide denne gave, jeg har købt til dig.
(Yay hoh-ber, doo kan lee-deh den-neh gah-veh, yay har kohbt til dee.)

984.　Thank you for the thoughtful present!
Tak for den tankefulde gave!
(Tahk for den tan-ke-ful-deh gah-veh!)

> **Idiomatic Expression:** "At ligge som man har redt." - Meaning: "To face the consequences of one's actions." (Literal translation: "To lie as one has made.")

985.　It's a token of my appreciation.
Det er et tegn på min påskønnelse.
(Det er et tayn poh min poh-shun-nel-seh.)

986.　Here's a little something to brighten your day.
Her er en lille ting for at lyse op din dag.
(Her er en lil-leh ting for at lee-seh op deen dahg.)

987.　I brought you a souvenir from my trip.
Jeg har medbragt dig en souvenir fra min tur.
(Yay har med-brahgt dee en soo-veh-neer frah min toor.)

988.　This gift is for you on your special day.
Denne gave er til dig på din specielle dag.
(Den-neh gah-veh er til dee poh deen spe-see-el-leh dahg.)

> **Fun Fact:** "Rødgrød med fløde" is a popular dessert made with red berries and cream.

989. You shouldn't have, but I love it!
Du burde ikke have, men jeg elsker det!
(Doo bur-deh ik-keh hah-veh, men yay els-ker deht!)

990. It's a small gesture of my gratitude.
Det er en lille gestus af min taknemmelighed.
(Det er en lil-leh ges-toos af min tak-nem-mel-ee-hed.)

991. I wanted to give you a little surprise.
Jeg ville give dig en lille overraskelse.
(Yay vil-leh gee-veh dee en lil-leh oh-ver-ras-kel-seh.)

992. I hope this gift brings you joy.
Jeg håber, denne gave bringer dig glæde.
(Yay hoh-ber, den-neh gah-veh bring-er dee glai-deh.)

993. It's a symbol of our friendship.
Det er et symbol på vores venskab.
(Det er et sym-bol poh vor-es ven-skahb.)

994. This is just a token of my love.
Dette er blot et tegn på min kærlighed.
(Det-teh er bloht et tayn poh min kair-lee-hed.)

995. I got this with you in mind.
Jeg købte dette med dig i tankerne.
(Yay kohb-teh det-teh mehd dee i tan-ker-neh.)

996. I knew you'd appreciate this.
Jeg vidste, du ville sætte pris på dette.
(Yay vid-ste, doo vil-leh set-teh prees poh det-teh.)

997. I wanted to spoil you a bit.
Jeg ville forkæle dig lidt.
(Yay vil-leh for-kai-leh dee leet.)

998. This gift is for your hard work.
      Denne gave er for dit hårde arbejde.
      (Den-neh gah-veh er for dit hor-deh ar-byeh-deh.)

999. I hope you find this useful.
      Jeg håber, du finder dette nyttigt.
      (Yay hoh-ber, doo fin-der det-teh nüt-tigt.)

1000. It's a sign of my affection.
      Det er et tegn på min hengivenhed.
      (Det er et tayn poh min heng-ee-ven-hed.)

1001. I brought you a little memento.
      Jeg har medbragt dig et lille minde.
      (Yay har med-brahgt dee et lil-leh min-deh.)

"Hvad der ikke dræber dig, gør dig stærkere."
"What doesn't kill you makes you stronger."
Adversity can lead to personal growth and strength.

Interactive Challenge: Special Occasions
(Link each English word with their corresponding meaning in Danish)

1) Celebration	Gave
2) Gift	Fest
3) Party	Fejring
4) Anniversary	Festlig
5) Congratulations	Tillykke
6) Wedding	Dimission
7) Birthday	Ceremoni
8) Graduation	Fødselsdag
9) Holiday	Bryllup
10) Ceremony	Hilsen
11) Tradition	Skål
12) Festive	Ferie
13) Greeting	Jubilæum
14) Toast	Tradition
15) Surprise	Overraskelse

Correct Answers:

1. Celebration - Fejring
2. Gift - Gave
3. Party - Fest
4. Anniversary - Jubilæum
5. Congratulations - Tillykke
6. Wedding - Bryllup
7. Birthday - Fødselsdag
8. Graduation - Dimission
9. Holiday - Ferie
10. Ceremony - Ceremoni
11. Tradition - Tradition
12. Festive - Festlig
13. Greeting - Hilsen
14. Toast - Skål
15. Surprise - Overraskelse

CONCLUSION

Congratulations on reaching the final pages of "The Ultimate Danish Phrase Book." Whether you're dreaming of strolling along the colorful Nyhavn harbor in Copenhagen, exploring the historic castles of Denmark, or immersing yourself in the vibrant culture of Aarhus, your commitment to mastering the Danish language is truly admirable.

This phrasebook has been a dedicated guide, providing you with essential phrases and expressions needed for effortless communication. You've journeyed from the universally handy "Hej" to more intricate sentences, equipping yourself to engage in meaningful dialogues, navigate diverse scenarios, and connect deeply with Denmark's rich cultural tapestry.

Embarking on the path to language proficiency is a fulfilling journey. Your dedication has laid a strong foundation for fluency in Danish. Remember, language is a reflection of culture—dynamic, evolving, and steeped in history.

If this phrasebook has played a part in your linguistic adventure, I would be thrilled to hear about it! Connect with me on Instagram: **@adriangruszka** to share your stories, seek advice, or simply say "Hej!" If you mention this book on social media, tagging me would be wonderful—I look forward to celebrating your language milestones with you.

For additional resources, deeper insights, and the latest updates, visit **www.adriangee.com**. There, you'll discover a wealth of information, including recommended courses and a community of fellow language enthusiasts ready to support your ongoing progress.

Embracing a new language is about more than mastering vocabulary and grammar; it's about connecting with people and understanding their viewpoints. Your enthusiasm for learning and adapting is your greatest strength on this linguistic journey. Seize every opportunity to explore, interact, and enhance your knowledge.

Held og lykke! (Good luck!) Continue to practice diligently, refine your skills, and most importantly, enjoy each step of your Danish language journey.

Mange tak! (Thank you very much!) for choosing this phrasebook. May your future be filled with wonderful experiences and accomplishments as you continue to delve into the fascinating world of languages!

- *Adrian Gee*

Made in the USA
Las Vegas, NV
03 December 2024

13329383R00142